キャッシュフロー会計の軌跡

鎌 田 信 夫 著

東京 森山書店 発行

は　し　が　き

　著者はこれまで発生主義会計による利益の測定に関心を持ち，とりわけ利用者の立場から費用の配分，繰延べ，収益・費用の対応などを批判してきた。また，発生主義会計に代わり，キャッシュフロー会計に基づく財務報告の有用性に気づいていた。ようやく今，関心ある人びとにキャッシュフロー会計の首尾一貫した体系を示し，著者の見解を明らかにする時がきたように思う。これまで著者が発表した論文は，関連する問題に対する見解をカバーするものであったが，最近の国際的発展もありそれらに対する著者の見解を含めて，一冊の著書にまとめることにした。

　外部財務報告の目的は，利用者が企業および利用者自身に対する将来のキャッシュフローの金額，時期および不確実性を評価できるように，情報を提供することである。このための伝達手段に財務諸表が用いられるが，その中核となるのは財政状態表である。

　財政状態表は一定時点における企業の資産，負債および持分に関する情報およびそれらの相互関係に関する情報を提供する。したがって，財政状態表の情報は企業経営の多くのディメンションに関係している。例えば，そのひとつの重要なディメンションは利益である。利益は資本の効率的な運用の結果であり，純資産の増加として測定され，資本提供者に対する報酬の基本的資源となる。利益をあげていなければ，資本提供者に報酬を支払うことはできない。また，利益から資本提供者に報酬を支払うとすれば，利益は現金に転換されていなければならない。したがって，包括利益計算書とともにキャッシュフロー計

ii　はしがき

算書が必要である。

　財政状態表のもうひとつのディメンションは，支払能力に関する情報提供である。会社の債務支払能力は，債務の支払日が到来した時に会社が債務を支払う能力をいう。一定期間の現金収入がその期間の支払いを行うことができれば，支払能力は十分である。しかし，財政状態表はこの問題に対して適切な情報を示していない。会社の主たる現金の源泉は，営業収入，借入れ，または株式発行による収入から生じ，会社の主たる現金の使途は，営業支出，政府に対する支出，債務の支払い，機械設備の購入などから生じる。この会社が受取る現金の大部分と支払うべき負債の大部分は，期末の財政状態表に示されていない。包括利益計算書もまた当面の現金の支払いというような問題には解答できない。したがって，キャッシュフロー計算書が会社の支払能力を評価するために必要である。

　最近注目されるようになってきたもうひとつの財政状態表のディメンションは，財務弾力性である。FASBは財務弾力性を経済条件の変動に適応するために，企業が利用できる財務的資源であると定義している。会社は競争力維持あるいは生産力増強のため回収期間の長い投資をしなければならないことがある。これらの投資計画は将来のキャッシュフローは望ましい水準にあるという予測に基づいている。しかし，実際のキャッシュフローは予測したキャッシュフローのとおりであることはない。予期しない望ましくない変動が生じた時，会社がそれに対応するために現金を入手できれば，会社は財務弾力性があるといわれる。会社の財務弾力性は，通常の営業活動から創出する現金の額，追加的な資金調達能力，非営業資産を売却して入手する現金，現金を創出するように営業活動および投資活動を短期的に修正する能力に基づいて評価されている。財政状態表だけではこれに対応できない。そのためにキャッシュフロー計算書および関連する明細表が必要である。

　発生主義会計による利益測定は費用の繰延べ，原価配分および評価に関し

て，多くの概念上また手続きの選択に判断が含まれる。キャッシュフロー計算も個人的判断は含まれるが，それは最小限に留められている。

また，利益は抽象的な概念であるが，キャッシュは最も流動的な資源である。多くの利用者は利益の維持というよりキャッシュによる会社の存続可能性に関心を持っている。会社は利益だけでなく，流動性が維持できた場合に，存続できる。会社は利益があっても現金が不足することがあるし，また現金はあるが利益はないこともある。会社は利用可能な現金があれば存続できる。会社の業績は利益とともに会社の流動性あるいは支払能力に注目しなければならない。これらの情報を提供するのは，キャッシュフロー計算書である。

IASB は 2010 年に IFRS X と概念報告書を公表して，キャッシュフロー会計の主張者の多くの見解を取り入れた。そのため，キャッシュフロー計算書と財政状態表および包括利益計算書の連携は明確なものとなってきた。例えば，財政状態表の事業セクションの投資カテゴリーの投資有価証券は，包括利益計算書の受取利息，受取配当金，キャッシュフロー計算書の利息収入，配当収入と連携している。

T.A.Lee 教授は，キャッシュフロー会計の主張者としてよく知られているが，1984 年に，"Cash Flow Accounting"（鎌田共訳，1989）を著わした。ここで同教授は主要な財務諸表として（1）財政状態表，（2）包括利益計算書，（3）キャッシュフロー計算書および（4）財政状態変動表をあげている。キャッシュフロー計算書は，企業実体の財務管理に関する最終的結果を報告する計算書で，必要な現金をどこから調達し，どこへ支出したかを明らかにする。また，将来のキャッシュフローの増加に貢献する支出と，配当や税金などにどれほど支出されたかを区別する。

包括利益計算書（実現可能損益計算書）は，実現したキャッシュフローと未実現のキャッシュフローにより純資産の増加を報告する。キャッシュフロー計算書は企業が達成した実現キャッシュを示す。これは未実現のキャッシュを除

iv　はしがき

外しているから，包括利益計算書はこの欠陥を補うという役割を果たしている。財政状態表は，実現可能性に基づいて企業実体の資産を分類・測定し，負債および持分の請求権または持分を表示する。

IFRS X「財務諸表の表示」はキャッシュフロー計算書を主要な財務諸表として位置づけ，資産の評価に実現可能額を取り入れている。この点でLee教授のキャッシュフロー会計と同じ思考に基づいて財務諸表を構成している。これはIASBがキャッシュフロー会計へ移行したことを意味する。IFRS Xはこれまでのキャッシュフロー会計を前進させた点も多い。それは以下の諸点である。

1.　会計科目の同質性をもたらすように，資産，負債，収益，費用，収入および支出を共通の機能，性質あるいは測定基準に基づいて分類する。科目の同質性により科目の連携性が明瞭になった。
2.　企業の主たる機能に基づき，企業活動を事業セクションと財務セクション等に区分する。事業区分はさらに営業カテゴリーと投資カテゴリーに，また財務カテゴリーは財務と持分カテゴリーに区分する。これらの共通のセクションおよびカテゴリーにより，各財務諸表区分の連携を明瞭にした。
3.　資金概念を現金に限定し，現金同等物を除外した。これにより，流動性の意義は限定され明確になった。
4.　資産・負債の分類基準を「1年基準または営業サイクル基準」ではなく，「1年基準」だけを採択した。これにより流動性尺度の比較可能性は向上した。

本書はすでに述べたように，キャッシュフロー会計および報告について著者が明らかにした見解を体系化して要約したものである。いくつかまだ議論すべ

き余地を残しているが，キャッシュフロー会計はいまや多くの人が関心を払い，討議すべき段階にきている。

　第1章から第4章までは財務会計システムと目的，歴史的原価会計，発生主義会計と利益，支払能力・流動性財務弾力性・および資産の評価などの基礎事項を検討した。第5章ではキャッシュフロー会計の基礎概念と財務諸表の構成を示し，第6章ではキャッシュフロー計算書を中心とする多期間的な流動性分析の方法を示した。第7章でIFRS X のキャッシュフロー表示の新しい提言を検討した。第8章は IFRS X が提示して設例に基づき，会計マトリックスを用いて財政状態表，キャッシュフロー計算書の連携関係を検証した。本書がキャッシュフロー会計について読者の理解を深めることに少しでも役立つことができたら幸いである。

　筆者は会計学の研究をはじめてから今日に至るまで，長い間，多くの研究者からご指導やご助言を頂いた。ここに記してお礼申し上げる。特に今は亡き染谷恭次郎先生と飯野利夫先生，および村松恒一郎先生からは暖かいご指導とご助言を頂いた。畏敬する三先生に本書を捧げて心から感謝を申し上げたい。本書の出版については森山書店にお世話になった。記して感謝したい。

　最後に本書の完成に多くの協力を惜しまなかった妻に“ありがとう”の言葉を伝えたい。

平成29年10月10日

高針台の研究室にて

鎌 田 信 夫

略語一覧

AAA	American Accounting Association	（アメリカ会計学会）
AICPA	American Institute of Certified Public Accountants	（アメリカ公認会計士協会）
APB	Accounting Principles Board	（会計原則審議会）
APBS	Accounting Principles Board Statement	（会計原則審議会ステートメント）
APBO	Accounting Principles Board Opinion	（会計原則審議会意見書）
ARB	Accounting Research Bulletin	（会計研究公報）
ATB	Accounting Terminology Bulletin	（会計用語公報）
CAT	Committee on Accounting Terminology	（会計用語委員会）
DM	Discussion Memorandum	（討議資料）
ED	Exposure Draft	（公開草案）
FASB	Financial Accounting Standards Board	（財務会計基準審議会）
IAS	International Accounting Standards	（国際会計基準）
IASB	International Accounting Standards Board	（国際会計基準審議会）
IASC	International Accounting Standards Committee	（国際会計基準委員会）
IFRS	International Financial Reporting Standards	（国際財務報告基準）
IG	[Draft] Implementation Guidance Financial Statement Presentation	（財務諸表の表示　作成指針（草案））
SCFP	Statement of Changes in Financial Position	（財政状態変動表）
SEC	Securities and Exchanges Committee	（証券取引委員会）
SFAC	Statement of Financial Accounting Concepts	（財務会計概念書）
SFAS	Statement of Financial Accounting Standards	（財務会計基準書）

i

目　　次

は し が き

略 語 一 覧

第1章　会計の定義と概念フレームワーク ……………………………………… *1*

第1節　会 計 の 定 義 ……………………………………………………………… *1*
　　1.　会 計 の 機 能 …………………………………………………………… *2*
　　2.　情 報 の 階 層 …………………………………………………………… *4*

第2節　複式簿記と会計 ……………………………………………………… *5*
　　1.　均衡説と因果説 ………………………………………………………… *5*
　　2.　複式簿記の意義 ………………………………………………………… *7*

第3節　発生主義会計 ………………………………………………………… *8*

第4節　概念フレームワークにおける会計の目的 ……………………… *10*
　　1.　意思決定のための情報 ……………………………………………… *12*
　　2.　財務情報の利用者 …………………………………………………… *15*
　　3.　有 用 な 情 報 ………………………………………………………… *20*

　要　　　約 …………………………………………………………………… *22*

第2章　発生主義会計による利益の適合性 ………………………… *25*

第1節　財務会計システム ………………………………………………… *25*

第2節　発生主義会計の問題点 …………………………………………… *27*
　　1.　貨幣価値変動会計 …………………………………………………… *30*
　　2.　現在価値会計 ………………………………………………………… *31*
　　　(1)　入口価額（取替原価）システム ……………………………… *32*
　　　(2)　出口価額（売却価額）システム ……………………………… *32*

3. 利益とキャッシュフロー ……………………………………………… *35*

第3節 利用者の情報要求 ………………………………………………… *36*

1. 出　資　者 ……………………………………………………………… *36*

(1) 出資者と歴史的原価情報 ………………………………………… *37*

(2) 出資者と取替原価情報 …………………………………………… *38*

(3) 出資者と売却価額情報 …………………………………………… *39*

2. 出資者以外の利用者 …………………………………………………… *40*

(1) 金　融　機　関 …………………………………………………… *40*

(2) 仕　入　先 ………………………………………………………… *41*

(3) 従　業　員 ………………………………………………………… *41*

(4) 税　務　当　局 …………………………………………………… *41*

要　　約 ……………………………………………………………………… *42*

第3章　支払能力，流動性および財務弾力性 …………………………… *45*

第1節 支 払 能 力 ………………………………………………………… *45*

1. 財務諸表利用者と支払能力 …………………………………………… *45*

2. 支払能力と流動性 ……………………………………………………… *46*

3. 支払能力の評価 ………………………………………………………… *46*

4. 収益力重視の傾向 ……………………………………………………… *47*

第2節 流　動　性 ………………………………………………………… *49*

1. 歴 史 的 意 味 ………………………………………………………… *50*

2. 運転資本概念の普及 …………………………………………………… *51*

3. 運転資本と支払能力の評価 …………………………………………… *51*

第3節 財 務 弾 力 性 ……………………………………………………… *53*

1. 財務弾力性の必要性と源泉 …………………………………………… *53*

2. 財務弾力性に影響する要因 …………………………………………… *54*

(1) 資 産 の 売 却 …………………………………………………… *56*

(2) 営業活動の調整 …………………………………………………… *57*

3. 財務弾力性の報告 ……………………………………………………… *58*
　　　(1) 財務活動明細表 ……………………………………………………… *58*
　　　(2) 投資活動明細表 ……………………………………………………… *60*

　要　　約 …………………………………………………………………………… *60*

第4章　資産の評価 ……………………………………………………………… *63*

第1節　資産の本質 ………………………………………………………………… *63*
　　1. 会計用語委員会（CAT） …………………………………………………… *64*
　　2. 会計原則審議会（APB） …………………………………………………… *64*
　　3. 財務会計基準審議会（FASB） …………………………………………… *64*
　　4. 資産の定義の比較 …………………………………………………………… *65*

第2節　資産評価の目的 …………………………………………………………… *67*
　　1. 構造論に基づく資産評価—対応計算のための評価 …………………… *67*
　　2. 経済的解釈論に基づく資産評価—増価法による評価 ………………… *68*
　　3. 行動論に基づく資産評価—投資者および債権者の意思決定 ………… *69*
　　3—1 投資者に役立つ評価 …………………………………………………… *69*
　　　(1) 2期の損益計算書の連結環としての財政状態表 …………………… *70*
　　　(2) 予測手段としての財政状態表 ……………………………………… *71*
　　3—2 債権者に役立つ評価 …………………………………………………… *72*

第3節　出口価額と入口価額 ……………………………………………………… *72*
　　1. 出口価額 ……………………………………………………………………… *72*
　　　(1) 割引将来収入 ………………………………………………………… *73*
　　　(2) 当期産出価額 ………………………………………………………… *75*
　　　(3) 清算価額 ……………………………………………………………… *75*
　　　(4) 実現可能額（売却可能額） ………………………………………… *75*
　　2. 入口価額 ……………………………………………………………………… *77*
　　　(1) 歴史的原価 …………………………………………………………… *77*
　　　(2) 取替原価 ……………………………………………………………… *78*

iv

$$(3)\ 割引未来原価 \cdots\cdots 79$$

　　要　　約 $\cdots\cdots$ *79*

第5章　キャッシュフロー会計 $\cdots\cdots$ *83*

第1節　資産および負債の分類 $\cdots\cdots$ *83*

1. 実現可能性と資産の分類 $\cdots\cdots$ *83*
2. 支払義務と負債の分類 $\cdots\cdots$ *85*

第2節　主要財務諸表 $\cdots\cdots$ *85*

1. キャッシュフロー計算書 $\cdots\cdots$ *85*
2. 実現可能損益計算書 $\cdots\cdots$ *87*
3. 財 政 状 態 表 $\cdots\cdots$ *89*
4. 財政状態変動表 $\cdots\cdots$ *90*

第3節　キャッシュフロー会計システムの例証 $\cdots\cdots$ *91*

1. キャッシュフロー計算書 $\cdots\cdots$ *93*
2. 実現可能損益計算書 $\cdots\cdots$ *93*
3. 財 政 状 態 表 $\cdots\cdots$ *97*
4. 財政状態変動表 $\cdots\cdots$ *98*

　　要　　約 $\cdots\cdots$ *99*

第6章　実現キャッシュフローによる流動性分析 $\cdots\cdots$ *103*

第1節　営業キャッシュフローの表示法 $\cdots\cdots$ *105*

第2節　営業キャッシュフローの解釈 $\cdots\cdots$ *107*

第3節　多期間的な流動性分析 $\cdots\cdots$ *111*

第4節　収益性分析と流動性分析 $\cdots\cdots$ *113*

　　要　　約 $\cdots\cdots$ *117*

第7章 財務諸表の連携 —IFRS X に関連して— ……………… *119*

第1節 主要財務諸表の表示目的と表示原則 ……………………… *119*
　　1. 細 分 化 原 則 ……………………………………………… *122*
　　2. 連 携 性 原 則 ……………………………………………… *123*

第2節 主要財務諸表の連携 ………………………………………… *123*
　　1. セクションおよびカテゴリーの定義 ……………………… *124*
　　2. 財務諸表の構造—IAS との比較 …………………………… *126*
　　　(1) 新しいセクションとカテゴリー ……………………… *126*
　　　(2) 現金資金概念の採択 …………………………………… *129*
　　　(3) 1 年基準の採択 ………………………………………… *130*

第3節 資本と負債の分類 …………………………………………… *131*
　　1. 資 本 の 分 類 ……………………………………………… *131*
　　2. 負 債 の 分 類 ……………………………………………… *132*

第4節 営業活動によるキャッシュフローの表示 ………………… *135*

　要　　約 ……………………………………………………………… *137*

第8章 財務諸表の連携の検証 —IFRS X に関連して— ………… *139*

第1節 会計マトリックスの作成 …………………………………… *145*
　　1. 会計マトリックスの構造 …………………………………… *145*
　　2. 会計マトリックスの記入 …………………………………… *146*

第2節 主要財務諸表の作成 ………………………………………… *147*
　　1. 財政状態表 …………………………………………………… *147*
　　2. 包括利益計算書 ……………………………………………… *148*
　　3. キャッシュフロー計算書 …………………………………… *149*

　要　　約 ……………………………………………………………… *154*

索　　引 ……………………………………………………………………… *157*

第1章　会計の定義と概念フレームワーク

　資本主義社会においては，経済的資源は一般に私的に所有しされていて，投資者は私的に所有している資源の一部を営利企業に投資する。投資者は，投資しようとする企業の財政状態や経営業績およびそれらのリスクを評価するための情報を必要とする。投資者のこれらの項目に対する評価に基づいて，社会の経済的資源は会社に効率的に配分される。「財政状態および業績の報告」の役割は，まさにこの点に関係している。そこで本章では，これを解明するためにこれまで権威ある団体や人びとによって試みられた，会計の定義および財務会計の理論について検討する。会計理論の役割は，健全な会計実務の評価および発展のための，首尾一貫した一組の仮説，概念，原則および手続きを提供することであるが，現在のところ，多くの人に受入れられている会計理論はない。しかし，会計理論の形成に向かって多くの努力が積み重ねられている。

第1節　会計の定義

　アメリカ公認会計士協会（AICPA）の会計用語委員会（CAT）は，つぎのように会計を定義している。

　　会計とは，少なくとも部分的に財務的特徴を持つ取引および事象を，貨幣を用いて意味があるように，記録，分類，要約し，その結果を解釈する技術である（AICPA 1953, ATB 1 par.9）。

AICPAのCATは,会計を科学としてあるいは技術として定義するかという問題にについて,アカウンタントの知識,技術および経験を強調して,後者すなわち「技術」を選択した。アカウンタントは,過去の取引および事象を分析して,経営者に経済的資源を効率的にコントロールし,利用するための指針を提供する立場にある。AICPAはこの立場から会計を定義した。

1. 会計の機能

この定義は,会計プロセスはつぎの機能で成り立つと述べている。
(1) 多くの事象(あるいは活動)を観察し,会計の対象と考えられる経済事象を識別し,財務的単位で測定する。例えば,多くの事象のなかから商品または用役の購入および販売は経済事象のひとつであると識別し測定する。
(2) 経済事象を意味のあるように記録しグループに分類し要約する。
(3) 経済事象を財務諸表およびその他の報告書で報告し解釈する。

図表1-1は上記の内容を図示したものである。

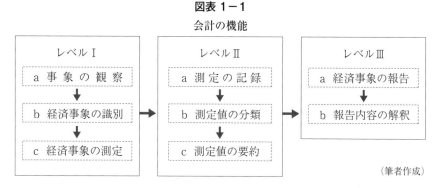

上で述べた会計の機能に従事する人びとをアカウンタントという。
1969年のアメリカ会計学会(AAA)は,『基礎的会計理論』において会計を

1953 年の AICPA の定義より広く定義している。

> 会計とは，情報の利用者が判断と意思決定を行うにあたって，事情に精通
> した上で，それができるように経済的情報を識別し，測定し，また伝達する
> プロセスである（AAA 1966, p.1）。

　AAA の定義は，前述の定義より会計の範囲を著るしく拡大している。ここ
では取引および事象だけでなく，取引と関係ない経済事象も，会計情報の目的
に適合する時は会計情報に含まれる。また，内部利用者の意思決定が強調され
ていて，会計に経営活動および財務構造，さらには経営計画の測面も含むよう
になっている。また，この定義は営利企業だけでなく，行政団体，慈善事業，
その他これに類似する経済単位の活動にも適用することを考慮している。
AAA の定義はアカウンタントに対する動機付けとして賛同できるが，会計の
対象があまりにも一般的で，その境界は明瞭でない。

　1970 年に AICPA の APB（会計原則審議会）は，APB ステートメント 4 号
（APBS 4）で，会計をつぎのように定義している。

> 会計とはひとつのサービス活動である。会計の機能は経済的意思決定をす
> る時，有用な経済的実体に関する，主として財務的性質を持つ数量的情報を
> 提供することである（APB 1970, APBS 4 par.40）。

　この定義は AICPA の 1953 年の定義を改善したものとして歓迎されている。
しかし，Most は，この定義を「よく検討してみると，実質的な改善ではなく
それはみかけだけである」と批判し，つぎのように述べている。

> 「経済的意思決定」といっているが，これは「エコノミストが用いる意思決
> 定モデルに入力するデータをアカウンタントが作成する」という仮定を認め
> ない限り，アカウンタントは「有用な」数量的情報を識別することはできな
> い。「少なくとも部分的に財務的特徴を持つ」という曖昧な表現は「主として

4 第1章　会計の定義と概念フレームワーク

財務的な」という語句にそのまま置き換えられている（Most 1979, p.2）。

2. 情 報 の 階 層

Most がいうように「部分的に財務的特徴を持つ」という表現は，曖昧で
あったが，それはアカウンタントに財務諸表と財務報告とを区別することを動
機づけた。財務会計基準審議会（FASB）の SFAC 5「営利企業の財務諸表に

図表 1－2

情報の階層

投資，与信およびこれと同様な意思決定のために有用なすべての情報 （SFAC 1.par.22, note 6 より一部引用）				
財務報告（SFAC 1, pars.5-8）				
現行の FASB 基準が直接影響する領域				
基本財務諸表 （AICPA 監査基準書による）				
SFAC 5 の 範囲				
財務諸表	財務諸表 への注記 （および挿入 式に開示）	補足情報	その他の財務 報告の手段	その他の情報
・ 貸借対照表 ・ 稼得利益・ 　包括的利益 　結合計算書 ・ キャッシュフ 　ロー計算書 ・ 株主持分増 　減計算書	例： ・ 会計方針 ・ 偶発事象 ・ 棚卸資産の評 　価法 ・ 発行済流通株 　式数 ・ 代替的測定値 　（歴史的原価で 　繰越された科 　目の市場価額）	例： ・ 価格変動の 　開示 ・（SFAS, 33 　改訂版） ・ 石油・ガス 　埋蔵量情報 　（FASB，ス 　テートメン 　ト 69）	例： ・ MD & A ・ 株主への 　挨拶	例： ・ SEC Form 10-K 　における競争 　および受注残 　高に関する討 　議（SEC, Reg. 　S-K） ・ アナリストの 　報告書 ・ 経済統計 ・ 会社に関する 　ニュース記事

（SFAC 5 par.8 に基づいて筆者作成）

おける認識と測定」は，図表1−2のような「情報の階層」を示している。これによれば，本書では，主としてSFAC 5「財務諸表における認識と測定」の範囲を取り上げている。FASBは1973年にAPBに代わり設立された審議会で，会計基準の新設および改定を提案し決定しているが，公表された出版物では会計を定義してはいない。

第2節　複式簿記と会計

　複式簿記は，1449年にLuca Pacioliにより，当時の実務を集約するものとして大成されたといわれている。複式簿記は会計の定義と直接関わりはないが，今日まで会計実務に深く浸透してきた。そこで，ここでは複式簿記が会計の内容に関わるものとして，その特質を検討してみる。

1．均衡説と因果説

　複式簿記は，企業の資産を2面的に測定し，互いに他を牽制するシステムである。例えば，X社は資産100万円持っていると仮定する。これだけの情報では誰に対してもあまり役立たない。複式簿記は「物質的」特徴の他に「持分的」特徴にも注目して，資産を二面的に捉えて均衡させる。「物質的」特徴は資産の性質と貨幣額に関係している。例えば，Y社の資産は，売掛金30万円と設備70万円で合計100万円である。これに対し「持分的」特徴として，会社が債権者に40万円，所有者に60万円負っていて均衡する。これは下の会計等式で要約することができる。

$$資産　(100)　＝　負債　(40)　＋　資本　(60)$$

　等式の左側は保有する資産の物質的特徴を貨幣額で示し，右側はこの資産に対する持分的特徴を貨幣額で示している。このように，複式簿記においては，資産を2つの側面から把握して**均衡関係**を示している。均衡しなければ一方ま

6 第1章 会計の定義と概念フレームワーク

たは両方に誤りがある。

　これをつぎの例で説明する。Z 社が保有している資産は合計 1,000 万円で，物的特徴と持分的特徴は下表に示すとおりで，それらの合計額は均衡する。

Z 社　資産の物的特徴		資産の持分的特徴	（単位：万円）
現　　　　　金	100	買　掛　　金	200
売　掛　　金	200	支　払　手　形	500
商　　　　品	200	資　本　　金	300
建　　　　物	400		
設　　　　備	100		
	1,000		1,000

　複式簿記システムは，資産合計とその変動を物質的側面と持分の側面からみて記録するシステムである。しかし，資産は物質的特徴と持分的特徴だけでなく，それ以外の性質もあるから，複式記入はこの 2 つの分類だけに限定されない。

　複式簿記は，資産の増加は他の資産の減少を伴うという**因果関係**で説明することもできる。井尻教授は負債は将来の資産の減少とみなしている（井尻 1967, p.107）。これを設例で説明してみる。

（1）　商品 500 万円を仕入れ現金 500 万円を支出した。

（2）　設備 800 万円を購入し，未払いとした。

複式簿記の記録は下に示すようになる。

　①（借）商品（資産の増加）500　　　（貸）現　金（資産の減少）　　　500
　　　　商品 500 の増加は現金 500 の減少による。

　②（借）設備（資産の増加）800　　　（貸）未払金（将来の資産の減少）800
　　　　設備 800 の増加は将来現金 800 の減少（未払金）である。

　因果的複式記入はひとつの事象の因果関係としてひとつの取引を測定し記録する。ここで 2 元性は原因と結果を関係づけている。

2. 複式簿記の意義

複式簿記は，均衡説によるとしても因果説によるとしても，経済事象または取引を2元的に貨幣額で測定し，両者を均衡させる。この均衡関係は記録の正確性を保証し，誤謬を発見する手段を提供している。複式簿記は経済事象または取引を勘定科目を用いて発生順に組織的に記録するから，一覧性にもすぐれている。また，複式簿記は特定時点における資産および負債の状態を完全に記述するだけでなく，損益を含む資本勘定は過去のすべての事象を要約するから，現在の状態は過去の累積として説明できる。

これに対して単式簿記は，一定期間の現金の増減を計算し，一定期間の財産目録を作成することはできるが，資産と負債あるいは資本の均衡を検証することはできない。したがって，複式簿記は受託者が受託した経済的資源の会計責任を明らかにすることに適している。

例えば，NK社は期首に株式100万円を発行して現金を受取り，設備購入のため100万円を支出した。1年後の期末に設備を75万円として報告した。出資者は設備の評価額の差額25万円について説明を求めたと仮定する。

複式簿記はこの評価引下げを損益勘定により説明している。これに対して，単式簿記は現金支出の記録を示すが，設備購入の事実と減価償却を現金支出100万円という1つの勘定に閉じ込めてしまい，変動理由を説明していない。複式記入においては，資産および負債価額の変動は，それらの変動を記録するための資本勘定（損益勘定を含む）と一致し，設備の25万円の減少は減価償却費あるいは設備減損という勘定で説明している。しかしながら，単式簿記は期末設備の価格が75万円であることを説明できない。

8 第1章　会計の定義と概念フレームワーク

第3節　発生主義会計

　発生主義会計とは，収益および費用を現金収支の事実により認識，測定するのではなく，経済事象の発生に基づいて利益を計算する方法をいう。FASBは，SFAC 1「営利企業の財務報告の基本目的」において，発生主義会計をつぎのように述べている。

　　　発生主義会計とは，企業が現金を受取りあるいは支払った期間だけでなく，取引，その他の事象および環境要因が発生する期間に，企業の現金におよぼすそれらの要因の財務的影響を記録しようとする（FASB 1978, SFAC 1 par. 44）。

　そこで発生主義会計における収益および費用の認識と測定を一般に認められた会計基準に基づいて検討してみる。

　収益の認識と測定　会社は商品を仕入れて販売し，代金を回収するという活動を反復して行っている。このプロセスにおいてつぎの2つの事象が生じた時，収益を認識する。

1.　取引の対象となっている財貨またはサービスの大部分を提供している。
2.　提供した財貨またはサービスの対価（現金，売掛金など）を受取っている。

　大部分の会社は，販売プロセスにおいて買手に商品を引渡すかサービスを提供し，当事者の間で価額について合意している。この2つの事象を収益認識および測定基準として用いる。これを販売基準という。

　支払いが取引時点より遅延される時は，取引時点の価額が収益の測定額であ

る。将来の支払額は現在価額に割引かなければならない。

　費用の認識と測定　会社が保有する資産は会社に便益を提供することが期待されている原価であり，費用は収益を創出する過程で費消された資産の原価を表す（AICPA 1957, ATB 4, par.3）。そこで原価がいつ費消されるかを決定しなければならない。原価の費消が生じれば，原価は資産から費用に移転する。ただし，費用の認識にはつぎの2通りの方法がある。

1. 特定の収益と直接関連できる資産の費消はその収益に対応し，収益を認識した期間の費用とする。この方法を個別的対応という。
2. 特定の収益と明瞭に関連付けることができない資産の費消は，営業活動において資産の便益を費消した時の期間の費用とする。これを期間的対応という。

　製造業者は原材料を仕入れて加工し，製品を製造する。この間に発生する原価は，ふつう，①直接材料費，②直接労務費，および③製造間接費に分類する。直接材料費と直接労務費は特定の製品と関係することが明白である原価をいう。製造間接費，例えば工場監督者給料，電気，ガス，水道料，設備・機械減価償却費，保険料などは特定の製品との関係は明らかでない原価である。そのため適切な配分基準により特定の製品に配分する。直接材料費，直接労務費および製造間接費から生じる便益は新製品の原価となる。新製品の在庫高は販売されるまで，製品という科目で保有される。これらの原価はプロダクト・コストといわれる。プロダクト・コストは資産として保有され販売時に費用となる。

　販売費　販売員の給料や販売手数料，商品カタログ等作成費，広告などに対する原価は当期の売上高と関連しているから，当期の費用として当期の収益に対応する。販売費の1部は会社の将来の売上に貢献するから，それらの原価を

10 第1章 会計の定義と概念フレームワーク

資産として表示することも考えられるが，多くの場合，当期の収益に関連する
販売費（費用）と将来の収益に関連する販売費（資産）に分けることは困難で
ある。そのため大部分の販売費はそれらの用役を利用した期間の費用としてい
る。たとえ，販売費の一部が製品の将来の販売可能性を増加することがあると
しても，それらは期間費用とする。

　一般管理費　会社の役員の給料，事務機器の費用，法務費，従業員教育訓練
費，将来計画策定費などは一般管理費である。一般管理活動のため発生した原
価は，生産あるいは販売した製品と関連性はないから期間費用とする。

第4節　概念フレームワークにおける会計の目的

　会計原則審議会（APB）およびFASBが会計基準を発表するようになって
から，企業が選択できる会計基準の幅は小さくなってきている。これまで同一
の会計事象や取引について多くの代替的基準や手続きが認められてきたのは，
会社が一般に認められた範囲で会計基準を選択することが多様な経営環境の基
では望ましいと考えられてきたからである。しかし，会計基準の選択可能性は
他方で利益計算の比較可能性を阻害する原因であった。AICPAは，基準や手
続きを公表して多くの人びとの意見を取入れて，会計基準の秩序を確立しよう
としたが，AICPAは，1組の首尾一貫した根拠により基準を決定したのでは
なく，「経験の蒸留」を公表していた（Kam 1990, p.44）。実際，現在認められ
ている実務は，法律，政府諸機関の規則および企業経営者の圧力を受けて首尾
一貫していない。これについてAPB自身もつぎのように述べている。

　　　一般に認められた会計原則は慣習的なものである。すなわち，会計原則は1
　　組の公準あるいは基本的概念から正式に導き出されたものでなく，同意（多
　　くの場合暗黙の合意）によって一般的に認められるようになった。会計原則

は，経験，推論，習慣，利用および，かなりの程度まで実務上の必要性に基づいて発展してきた（APB 1970, APBS 4 par.139）。

会計上の問題が生じた時，それを解決するためには多くの人が納得するような「理論」が必要である。しかし，会計に一般理論が確立していないため，権威ある団体の勧告だけが当面の問題に対する解答とみなされた。Storey は会計原則の形成の歴史を検討して，つぎのように結論している。

> （たとえ会計のダイナミックな特質を考慮しても），その場限りの出たとこ勝負による解答は，長持ちする解答になり得ない。(Storey 1964, p.52)

国際会計基準審議会（IASB）は FASB とともに財務報告の改善のため努力してきたが，2010 年に IASB は「財務報告に関する概念フレームワーク」を公表した。IASB は，「概念フレームワーク」は，IASB，各国の会計基準設定機関，財務諸表の作成者および利用者に有用であるとしてつぎのように述べている（IASB 2010, A25）。

1. IASB が将来の国際財務報告基準（IFRS）を作成する場合および現在の国際会計基準（IFRS）を再検討する場合に役立つ。
2. IASB が IFRS によって認められている多くの会計処理法の数を減少する基準を提供することにより，財務諸表の表示に関する規制，会計基準および手続きの調和化を促進する場合に役立つ。
3. 各国の基準設定機関が各国の基準を設定する場合に役立つ。
4. 財務諸表の作成者が IFRS に基づいて作成した財務諸表に含まれている情報を解釈する場合に役立つ。
5. 財務諸表の利用者が IFRS に基づいて作成された財務諸表に含まれている情報を解釈する場合に役立つ。

12　第1章　会計の定義と概念フレームワーク

「概念フレームワーク」が受け入れられれば，これに基づいて新しい会計上の問題に対してあるいはこれまでの基準の改定に対して，確信ある解答を示すことができる。「概念フレームワーク」は現実の会計ニーズを示すものである。そのためには，「概念フレームワーク」は一般的目的を明確に記述し，必要な構成要素をすべて会計の理論的モデルに組入れなければならない。

　IASB は「概念フレームワーク」で企業の外部財務報告の基本的目的を，つぎのように述べている。

　　　　一般目的財務報告の目的は，現在および将来の投資者，融資者およびその他の人びとが企業への資源提供に関する意思決定をする時，有用な報告企業に関する財務情報を提供することである（OB 2）。

　会計ははじめから利用者の情報ニーズに応えようとして発展してきたので，この財務報告の目的は伝統的な会計の機能を継承している。会計の機能は「サービス活動」であり，利用者に対する情報の提供である。経済的あるいは社会的条件が変動し新しい知見や科学技術が生じると，利用者はさらに多くの「有用な」情報を求める。アカウンタントは利用者のニーズを正しく把握し，会計技術を改善し，提供する情報の質を向上しなければならない。もしアカウンタントが利用者に有用な情報を提供できなければ，利用者は必要な情報を他に求めるようになる。

　そこで以下では，会計目的を（1）意思決定のための情報，（2）財務情報の利用者および（3）有用な財務情報に分けて検討してみる。

1．意思決定のための情報

　利用者への会計情報の提供は資本の委託・受託関係に始まる。イタリアのPacioli 時代において，受託者は1航海（ベンチャー）の終了後に，出資者に会計報告することになっていた。同様に，今日の経営者も会社の持分所有者に対

して受託資源の運用の状況を一定期間ごとに報告しなければならない。経営者は受託資源の運用状況を委託者に報告することによって，受託責任が解除される。また，その情報は持分所有者が経営者と企業の過去の業績を評価するために用いられた。ところが，1960年代から，受託責任情報は投資者の意思決定に利用されるようになった。

　会計情報と意思決定との関係は「意思決定論」の発展によりもたらされた。潜在的投資者および債権者の意思決定のための情報は，受託責任会計のための情報とは異なる。すなわち，受託責任会計は主に過去指向であるが，意思決定は未来志向で将来の事象に関わっている。外部利用者に対する報告は過去の事象に基づくが，意思決定は将来の事象と関係がある。FASBは「投資者，債権者およびその他の人びとは，合理的な期待を形成することに役立つ情報を必要としている」(FASB 1978, SFAC 1, p.21, par.38) と述べている。

　意思決定のためには，歴史的原価より現在価値（current value）が適合する。利用者は将来の事象に関する情報を入手することはできないから，将来の事象を予測することになる。しかし，経営者の将来の事象と価値の予測は，外部者の意思決定のための情報としては利用できない。将来に最も近くまた現実に基づいているのは現在である。現在価値は意思決定に最も適合する。

　図表1-3「財務報告目的の階層」は，「概念フレームワーク」第1章「一般目的財務報告の目的」(OB1 ~ OB21) を要約し階層化して示したものである。これはFASBの1978年のSFAC 1「営利企業の財務報告の目的」と基本的に一致している。

14　第1章　会計の定義と概念フレームワーク

図表 1－3

財務報告目的の階層（IASB 2010）

一般目的財務報告の目的

利用者が資源の提供についての意思決定する時
有用な情報を提供することである OB2）。

利用者が必要とする情報	利用者の特質
• 利用者は投資のリターン（配当, 元利支払, 価格上昇）に関する情報を必要とする（OB3）。 • 利用者は企業の将来キャッシュフローの予測をするのに役立つ情報を必要とする（OB3）。 • 利用者は将来キャッシュフローの予測のために，企業の資源に対する請求権および経営者の資源の利用に関する情報を必要とする（OB4）	• 企業に影響力を持たない（OB5）。 • 共通の情報ニーズを持つので，最大多数の情報ニーズを満たす情報セットを提供するようにする（OB8）。 • 経営者やその他の利用者を除外す（OB9）。 • 一般の人びと（投資者・債権者以外）を主たる対象としない。OB10）。

財政状態に関する情報

• 財政状態（経済的資源および請求権の構成）に関する情報は，利用者が財務上の強弱を識別するために役立つ（OB13）。
• 利用者は将来キャッシュフローを予測するため，営業活動に利用できる資源の内容および金額を知らなければならない（OB14）。

財政状態の変動に関する情報

財務業績による変動	財務業績以外の変動
• 経済的資源の変動は財務業績と負債および持分証券の取引および事象から生じる（OB15）。 • 財政状態は財務業績により変動し，財務業績に関する情報は利用者がリターンを理解するために役立つ（OB16）。 • 財務業績による変動は，経営者の効率性の指標となる（OB16）。	• 財政状態は財務業績以外の理由により変動する。 　例：自己株式の発行（OB21）

第4節　概念フレームワークにおける会計の目的　*15*

発生主義会計による財務業績	キャッシュフロー情報	
• 経済的資源と請求権およびそれらの変動の情報は，キャッシュフローだけの情報より正しい業績評価の基礎を提供する（OB17）。 • 財務業績に関する情報は，営業活動によるキャッシュ創出能力を示すために有用である（OB18）。 • 財務業績に関する情報は，時価や金利の変動が財政状態とキャッシュ創出能力に与えた影響を示すことができる（OB 19）。	• 利用者が将来の正味キャッシュインフローの創出能力を評価することに役立つ（OB20） • 利用者が営業，投資，財務活動を評価したり，また流動性・支払能力・財務業績を解釈するために役立つ（OB20）。	

(注) 上表に含まれていない OB は説明や総括を示すもので以下に要約して示した。　　　　（筆者作成）

• OB1　財務報告の目的概念から，①報告企業の概念，②有用な財務情報の質的特質および制約，③財務諸表の構成要素，認識，測定，表示および開示は論理的に誘導される。

• OB6　一般目的財務報告書が提供できる情報には限界がある。他の情報，例えば政治的情報や業界，社会情報の必要性もある。

• OB7　一般目的財務諸表は企業価値を示すようには設計されていない。

• OB11　財務報告書のかなりの部分は，正確な描写でなく見積り判断およびモデルに基づいている。

• OB12　財政状態（経済的資源と企業に対する請求権）と財政状態の変動に関する情報とに分類して，意思決定に関する情報を提供する。

• OB15　OB17 から OB20 間での総括。

2. 財務情報の利用者

FASB は，「財務報告の基本的目的」（SFAC 1）において，外部の財務情報利用者を「現在および将来の投資者，債権者およびその他の利用者」に分類している（FASB, 1978, SFAC 1 par.35）。この分類法は APBS 4 が示したリストと同様である（APB 1970, APBS 4 pars.44, 45）。

16 第1章 会計の定義と概念フレームワーク

図表1-4

利用者グループの分類

グループⅠ	グループⅡ	グループⅢ
投資者グループ	債権者グループ	その他のグループ
持分証券所有者（株主） 社債証券所有者（社債権者）	金融機関 個人の与信者 財貨および用役の仕入先 請求権を持つ顧客・従業員	政府等規制機関 証券アナリスト 証券投資顧問業者 証券仲介業者 弁護士 その他人びと（同業組合）

（筆者作成）

　図表1-4「利用者グループの分類」は，財務情報利用者を財務情報の利用目的に基づいて3つのグループに分類したものである。

1.　グループⅠ「投資者グループ」の現在の株主は，すでに株式を保有している株主で，保有株式を保有し続けるかあるいは売却するかを決定する。これから株式を取得しようとする投資者は，特定の会社を選択するために役立つ情報を必要としている。投資者はこれらの情報の一部は会社の財務諸表から求める。社債を購入しようとする投資者は，会社が社債利息や満期日に社債価額を支払うことができるかどうか検討しなければならない。社債権者はこのための情報を財務諸表から求める。

2.　グループⅡ「債権者グループ」の銀行など金融機関は，貸付を決定するためにグループⅠと同様な情報を必要とする。この場合，財務諸表は重要な情報源のひとつである。原材料の仕入先も，商品を掛けで販売する前に買い手の信用状態を知らなければならない。

3.　グループⅢ「その他のグループ」の政府等規制機関として，税務当局は会社に稼得利益について法人税申告書の提出を求め，金融取引法の規制を

受ける証券取引所は金融取引法に基づいて財務情報（有価証券報告書）の提出を求める。この場合，一般目的財務諸表はこれらの財務情報要求に対する基礎資料となる。証券業者および財務アナリストは，顧客に提供する情報源の一部を一般目的財務諸表に依存している。同業組合は，業界の発展を計るために同業者の財務情報を収集している。

　利用者としての社会（一般大衆）　　図表1-4「利用者グループの分類」以外に利用者として「社会」をあげる人もいる。しかし，APB はこのような提案についてほとんど言及していない。社会あるいは一般大衆は会社の存立基盤であるから会社に関係していて，投資者，債権者とは別個の情報要求を持っている。しかし，FASB は SFAC 1 で「一般大衆」に言及していない。SFAC 1 による「一般大衆」は，会社と直接的な利害関係を持とうとする人びとに限定されている（SFAC 1, par.24）。一般の「社会」は会計情報の利用者として明確な権利を持っていない。
　AAA の特別委員会は，この問題につぎのように答えている。

　　　関心がある会計データを実際に受取っていない人は，そのデータを実際に受取りそれに基づいて行動している人の影響を受けることは明らかである。…したがって，会計データの「利用」の概念は，直接入手方法を持っている人に対するデータの公表と利用により，間接的に影響される人を含むように広げることができる。このように，われわれはこの範囲内で，社会のすべての構成員を，総体的な利用者の集合を構成するものとみなすことができる；将来の世代も含まれると考えられる（AAA 1977 p.2）。

「社会」のニーズが明確になり，「社会」を利用者として位置づけることができれば，「社会会計」への道が開かれる。しかし，「社会」が求める情報は，投資者や債権者に提供される情報の範囲に止まらない。「社会的利益」は，企業

18 第1章 会計の定義と概念フレームワーク

利益以外に，社会的便益と社会的費用が含まれる。例えば，社会的便益には，身体障碍者の雇用，自然資源の保護，あるいは資源のリサイクルに伴う便益があり，社会的費用にはこれを創出するための費用が含まれる。近年，社会的便益および社会的費用に関する情報を開示する企業は多くなってきている。

　Trueblood 委員会は，「会計専門職はこの領域にも責任を持っている」と考えて，その報告書でつぎのように述べている。

　　　財務諸表のひとつの目的は，一定の範囲を限定できて，記述しあるいは測定できる，また企業の社会的環境において企業の役割として重要な，社会に影響を与えている企業の活動を報告することである（AICPA 1973, p.55）。

　社会的便益や社会的費用の認識および測定基準を定めることができれば，企業が社会的便益および社会的費用を報告することはできる。しかし，それらの認識および測定基準がなければ，特定の活動を社会的便益あるいは社会的費用として識別することは，単純なプロセスではない。例えば，公害防除施設は多くの人びとに対する便益と考えられるが，そのために製品の価格が高くなれば，その額は社会的費用と考えられる。また，公害防除施設によって不特定の人の病気を防ぐことができれば，それは社会的便益である。しかし，現在のところ，客観的にその便益および費用を認識し測定する方法はない。

　FASB は，Trueblood 委員会と異なり，会計職業は，少なくとも現在は，会社の社会的活動に関して公式に責任を持つべきではないと結論している（Kam 1990, p.51）。

　会計知識がある利用者　　Trueblood 委員会は，財務諸表は情報へ一定範囲しか近づけない人，また情報を解釈する能力が限られている人のニーズに応えるべきであると考えて，つぎのように述べている。

第4節 概念フレームワークにおける会計の目的 *19*

　　財務諸表のひとつの目的は，情報を入手するために一定範囲の権限，能力
　あるいは資源しか持たず，したがって，企業の経済的活動に関する主たる情
　報源を財務諸表に依存している利用者に，主として役立つことである
　（AICPA 1973, p.17）。

　これに対して，FASB は会計情報は「企業および経済活動について中程度の
理解能力を持ち，また中程度の勤勉さで情報を研究しようとする人びとにとっ
て，理解可能でなければならない」（FASB 1978, SFAC 1 par.34）と述べ，さら
につぎのように論じている。

　　　財務情報はひとつの手段であり，多くの手段と同様に，それを利用できな
　　い人あるいは利用したくない人，または誤って利用する人にとって，それほ
　　ど直接役立たない。しかし，財務情報の利用法は学ぶことができるから，財
　　務報告は財務情報を正しく利用することを学ぼうとするすべての人―非専門
　　家および専門家―に，利用できる情報を提供しなければならない（FASB
　　1978, SFAC 1 par.36）。

　Trueblood 委員会は，知識のない利用者の立場に立つことを選択して，アカ
ウンタントは知識のない人びとに対する責任を持っていると考えた。そのため
には，会計用語を分かり易く説明し，財務報告書の形式を簡単化しなければな
らない。また，会計手続きは平易にしなければならない。しかしながら，これ
らの期待は会計の実際の傾向とはかけ離れてしまった。会計実務は多様化し
て，会計手続きも複雑になっている。例えば，リース取引をみても，ファイナ
ンス・リースとオペレーティング・リースに分類され，それらに対する会計処
理は複雑で多様化してきている。

　FASB は，Trueblood 委員会とは異なり，知識のない利用者に全く同情して
いない。アカウンタントは情報を提供することに責任を持っているが，利用者
はその情報を正しく利用するために学ぶ責任があると考えている。FASB は，

20 第1章　会計の定義と概念フレームワーク

将来の会計手続きおよび情報は一層複雑になることを予見し，利用者の知識に関して，これまでより現実的な立場をとっている。

3. 有用な情報

IASB によれば，有用な情報とは，2つの基本的な質的特性，すなわち目的適合性と忠実な表現という特性を持つ情報である（IASB 2010, QC5）。「目的適合的情報」とは利用者の意思決定において差異を生じさせる情報をいう。また，「忠実な表現」とは対象を正しく表していることをいう。これらの情報の基本的特性を補強する特性を，「概念フレームワーク」は補強的特性とよんでいる。それらは比較可能性，検証可能性，適時性および理解可能性である。質的特性は真実，正義および公正というという広い倫理的目標を含むといわれている。APBS 4 はつぎのように述べている。

> 質的目的は，全体としての社会によって望ましい目標として受入れられている真実，正義，公正という広い倫理的目標と関連している。この目的が達成される範囲で，財務情報は有用性を持つ。質的目的は真実，正義および公正という倫理的目標を具体的に示したもので，財務会計により直接的に適用できる（APB 1970, APBS 4 par.86）。

投資者は配当を受取ることができるかまた株式を売却した時どれほど投資額を回収できるかに関心がある。一般の債権者は会社が債務を返済できるかあるいは利息を支払うことができるかについての情報，また社債権者は社債償還時に，どれほど元本を回収できるかに関する情報ニーズがある。これらは，会社のキャッシュフロー創出能力に依存している。したがって，会社が投資者および債権者に支払う将来キャッシュフローの金額，時期および不確実性を評価するための情報は，投資者および債権者に有用である。投資者および債権者の意思決定は将来に関係するから，会計情報はこれらの将来事象の予測に役立たな

ければならない。

　FASB は，SFAC 1 で投資者および債権者に適合する情報は，「経済的資源と負債・持分によって表される財政状態および利益によって測定される財務業績であると」いう伝統的見解を認めている（FASB 1978, SFAC 1 pars. 41, 42）。財政状態は，主として貸借対照表が提供する情報で評価され，財務業績は収益性すなわち利益の達成度で評価される。財務業績は，特定の年度だけかあるいは数年間に渡るかによって評価は異なる。

　企業活動は長期的見通しの基で行われるから，短期的業績の評価はむずかしい。例えば，会社が減価償却法として定額法を選択した時，初期には関連する費用の発生が相対的に少額であるため，多額の利益を創出するが，後の年度には関連する費用が相対的に多額になるため損失が生じることがある。また，会社は採択した事業から利益をあげていても，外部利用者はもっと多額の利益を創出できる投資案が不採択になったことを知ることはできない。

　会社の財政状態は会社の利益創出能力に直接関係している。したがって，外部利用者も，将来の業績予測のため会社の財政状態を評価する。これに関連してFASB は，発生主義会計による利益情報は当期のキャッシュフロー情報より，「会社の業績の正しい指標」を提供するといっている（FASB 1978, SFAC 1, pars. 44, 48）。しかし，キャッシュフロー業績と利益業績は別個の業績である。それはキャッシュフローの認識・測定基準と収益および費用の認識・測定が異なるからである。例えば，売上は 1 月に行われて，2 月に代金が支払われる時，収益は発生主義会計では 1 月に記録し報告する。これは収益認識について経営活動の忠実な表現であるが，現金回収の事実を示さない。発生主義会計によれば，経済事象は現金を受取ったり支払った時ではなく，経済事象が発生した時に記録する。購入，生産，販売のような企業活動は財務業績に影響を与える。しかし，これらの活動は通常キャッシュフローとは別個である。キャッシュフローを忠実な事実の表現として示し，収益および費用は別個の経済的事

22 第1章　会計の定義と概念フレームワーク

実として示すことが考えられる。

要　　　約

1.　AICPA および AAA など会計の権威ある団体は，会計を定義しようと試みた。しかし，それらは会計の目的，方法，基礎概念および限界を明確に示すことはできなかった。これに対し IASB および FASB は，外部利用者の観点から，財務報告の「概念フレームワーク」を提案した。この「概念フレームワーク」は，会計の公準，目的，方法，概念をすべて論理的に体系化してはいないが，会計の公準，目的および利用者および会計原則を可能な限り首尾一貫するように体系化している。複式簿記は事象の特質を物質的特徴と持分的特徴から二面的にあるいは増加と減少という因果的に認識して測定し，それらを均衡させるから，会計情報を組織的に作成するための基本的な手段として用いられている。

2.　IASB および FASB の概念フレームワークは利用者の利用目的を設定し，それに基づいて概念や方法を導き出す演繹システムで，現時点における企業会計の一般理論である。両者は，会計の基本的目的は財務諸表利用者に対して経済的意思決定のために有用な情報を提供することであると定めている。会計の情報提供は歴史的な会計機能の延長線上にある。

3.　会計の基本的目的を設定するためには，会計の利用者を識別し，利用者の情報要求を決定しなければならない。また，会計情報は目的適合的で，経済的事実を忠実に表現するものでなければならない。これらは情報の基本的特性といわれている。

4.　意思決定に必要な情報は，財政状態および財務業績に関する情報に要約される。これらの情報は，利用者に対する将来キャッシュフローの金額，時期および不確実性を評価することを可能にする。このニーズに応えるために

は，企業は財政状態表（貸借対照表），および損益計算書の情報だけでは不十分で，キャッシュフロー情報が必要である。

5. 会計情報は基本的質的特性のほか，比較可能性，検証可能性，適時性および理解可能性という補助強特性を充足することが求められる。

参 考 文 献

Accounting Principles Board (1970), "Basic Concepts and Accounting Principles Underlying Financial Statements of Business Enterprises," *APB Statement No. 4*, (AICPA).

AAA (1966), *A Statement of basic Accounting Theory.* 飯野利夫訳（1969），

―――― (1977), *Statement of Accounting Theory and Theory Acceptance.* 染谷恭次郎訳（1980）『アメリカ会計学会会計理論および理論承認』，国元書房。『アメリカ会計学会基礎的会計理論』，国元書房。

AICPA, (1953), "Review and Resume," *Accounting Terminology Bulletin No. 1*,

―――― (1955), "Cost, expense and loss", *Accounting Terminology Bulletin No. 4.*

―――― (1973), *Report of Study on Objective of Financial Statements.* 川口順一訳（1976）『財務諸表の目的』，同文舘。

FASB (1978), "Objectives of Financial Reporting by Business Enterprises." *Statement of Financial Accounting Concepts No. 1.* 広瀬義州，平松一夫訳（1999），『FASB 財務会計の諸概念』（改訂版）中央経済社。

IASB, (2010), *The Conceptual Framework for Financial Reporting*, (IASB).

井尻雄士（1967), *The Foundation of Accounting Measurement*, (Prentice-Hall).

Kam, Vernon, (1990), *Accounting Theory*, Second ed., (Wily).

Most, K. S., (1982), *Accounting Theory*, Second ed., (Grid)

Storey, Reed, (1964), *The Search for Accounting Principles*, (AICPA).

第2章　発生主義会計による利益の適合性

　発生主義会計は経済事象の発生に基づいて収益および費用を認識し，収益に費用を対応して期間利益を求める。会計基準は財貨またはサービスを取引相手に提供して，対価を受取った時点で収益を認識し，収益を稼得するために費消した原価に対応して期間利益を計算すると定めている。発生主義会計は収入を待たずに収益の稼得と原価の変動を認識するから，現金主義会計より合理的である。しかし，収益に歴史的原価で測定した原価を対応している。会計基準設定機関はこの欠点を補うため，多くの提言を行っている。それらの提言は大別すればキャッシュフローに関する情報と公正価値会計に関する情報である。これらの2つの情報は，ともに，現実に即した客観的な情報である。

　そこで本章では，はじめに財務会計システムを概観し，そのうえで，発生主義会計の利益概念が利用者の情報要求を満たしているかどうかを検討してみる。

第1節　財務会計システム

　財務会計システムとは，企業の経済的資源の状態とその変動を財務的単位で測定し，企業の財政状態と経営業績を明らかにし，それらを企業外部の利用者（利用者）に伝達するシステムをいう。これらの利用者は，会社全体の活動に関する問題，例えば，株主は会社に新たに投資するかあるいは投資を継続するか，銀行は貸付けを行うべきかなどについて決定しなければならない。また経

営者はそのために会社の財務状態や業績に関する情報を，財務諸表を通して利用者に伝達する。

本節では，会社が外部の利用者に提供する情報に関連する問題について検討する。利用者の情報要求は一様ではないが，一般目的財務諸表はすべての利用者に必要な情報を簡潔に要約して提供するための報告書である。これらの情報を大別すると，会社の財政状態と営業活動から得られた利益およびキャッシュフローの状況に関する情報である。この関係は図表2-1「財務会計システム」のように示すことができる。

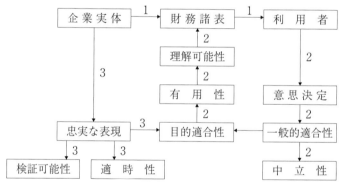

図表2-1
財務会計システム

（鎌田他訳 1989, p.23の図表を参考に一部筆者修正）

図表2-1は企業が財務諸表を作成し，利用者が財務諸表を通して情報を受取ることに関連する事項を示したものである。矢印線に付した数字の意味は，以下で説明する。

1：経営者は企業内部で行われた経営活動に関する情報を利用者に提供する。会社の経営活動の情報は財務諸表によって伝達される。この情報は利用者にとって企業内部者の経営活動の直接的経験に代わるものとして役立つ。

2：利用者は財務諸表を意思決定のため利用する。利用者の意思決定はそれぞれ異なるが，利用者に共通に役立つ情報を提供する。これを「一般的適合性」を持つ情報という。そのため，会計情報は特定の意思決定に有利になるような片寄った情報であってはならない。これを情報の「中立性」という。例えば，出資者に有利な方法で当期利益を過大に測定し，それが債権者に不利な影響を与えたとすれば，その情報は中立性的とはいえない。利用者は一般的適合性のある情報のなかから，利用者自身に「適合する情報」を選択して利用する。「理解可能性」とは，利用者が会計の専門家でなくても，理解できる情報を提供しなければならないという要請である。例えば，「ヘッジング」（不利な価格変動が生じた時損失を少なくする取引）を通常の利用者が理解することは難しい。そのため，基準設定者および財務諸表作成者は，利用者が理解できるよう，できるだけ平易に説明しなければならない（FASB 1980, SFAC 2 pars.40, 41）。

3：企業の現実の経済活動と経済状態を，できるだけ忠実に表現することを「忠実な表現」という。「忠実な表現」は，大別すればつぎの2点で補強される。すなわち，①検証可能性および②適時性についての要請である。①「検証可能性」とは，独立した測定者が同一の測定尺度を用いれば，実質的に同一の状況を生み出すことができることをいう。②「適時性」とは，最新の情報を必要な時に提供されなければならないという要請である。

第2節　発生主義会計の問題点

　発生主義会計は，実現した収益に収益稼得に貢献した費用を対応して利益を計算する会計方法をいう。発生主義会計は，収入および支出に基づく利益の計

算では明らかにできない，資産あるいは負債の変動の情報を提供する。しかし，最近，その適合性がいろいろ批判されている。最も重要な問題は，発生主義会計は期間利益の測定と開示に適しているとしても，利益測定に経営者の主観的判断が含まれることである。例えば，固定資産の減価償却による費用配分や棚卸資産の評価基準の選択にみられる。2つの会社に同一の経営事象が生じても，もし両社がその事象を異なる基準で測定すれば，それらの測定値は比較可能ではない。また，発生主義会計は当事者の取引に重点を置いていて，取引以外の経済事象を無視している。例えば，ブランド，カスタマーリレーション，開発中の特許や技術などの経済的事実を全く認識しない（King 2006, p.143）。他方，経済的にはほとんど意味を持たない記録，例えば，30年前に取得した土地や建物にその時の原価がそのまま用いられている。その意味で，発生主義会計による利益は，会計独特の方法で計算していて，経済事象を正しく測定しているとはいえない。

　しかしながら，現在の会計基準は発生主義会計により期間利益を測定することを規定している。また，期間利益は財務業績の指標および成功のあかしとみなされていて，他の事情が等しければ，会社の期間利益が多ければ多いほど，会社の業績の達成度は高いと考えられている。期間利益は，配当，税金，経営者に対する報酬，賃金の引き上げなど，財務業績と関連のある意思決定に必要な尺度となった。要するに，発生主義による期間利益は資本主義的システムの中心概念としての地位を占めている。

　しかしながら，発生主義に基づく利益は，多くの前提，原則，実務および判断に依存していて，極めて複雑で理解しにくい概念である。会社の利益は一定の前提や原則を承認しない限り，理解することはできない。

　そこで，発生主義に基づく利益計算の不合理性について，例をあげて説明する。

A社は，x1年期首に出資者Aから現金60,000千円の払込みを得て，設立され開業した。開業後直ちに固定資産60,000千円を現金で支払い取得した。開業1年後の第1期末の財政状態は，現金預金20,000千円，固定資産60,000千円，減価償却累計額20,000千円（耐用年数3年，定額法），資本金60,000千円である。また，第1年度収益22,000千円は全額現金で受取り，減価償却費は20,000千円で，稼得利益は2,000千円である。また，稼得利益2,000千円はすべて配当として支出した。収益は第1期22,000千円，第2期24,000千円，第3期26,000千円であった。

図表2-2のA社会計マトリックス1（歴史的原価）の「摘要」欄は，x1期からx3期までの取引を要約して示している。「科目」欄は，貸借対照表勘定を示している。「現金預金」は期中に生じた収支を，「留保利益」は損益取引を要約している。

A社の資本金および利益は，歴史的原価および原価配分に基づいて測定されている。すなわち，A社の期末固定資産は，歴史的原価および定額法（耐用年数3年，残存価額0）に基づいて評価されている。これと異なる原価配分法によれば，固定資産の評価額，当期の費用および当期利益の額も異なってくる。例えば，他の条件は同一として，会計マトリックス1において固定資産の耐用年数を3年でなく4年とすれば，減価償却費は1,500千円で第1期の利益は2,500千円になる。

これは他社が同じ固定資産を，同一の原価で取得したとしても，他社の耐用年数の見積りが相違すれば異なる利益が計算されることを示している。このように，出資者に帰属する資本は原価と原価配分法の影響を受けるが，この原価配分法の決定は経営者の主観的判断に依存している。

発生主義会計は長期にわたり，人びとに受け入れられてきたが，発生主義会計による貸借対照表は期末の財政状態を忠実に示しているとはいえない。そこ

30 第2章 発生主義会計による利益の適合性

図表2−2
A 社　会計マトリックス1（歴史的原価）

（単位：千円）

現金預金	固定資産	減価償却累計額	留保利益	資本金	科目／摘要
60,000				60,000	第　1　期　首
(60,000)	60,000				固定資産取得支出
22,000			22,000		収　入　・　収　益
		20,000	(20,000)		減　価　償　却　費
(2,000)			(2,000)		配　当　支　出　・　利　益
(40,000)	60,000	20,000	0	0	当　期　増　減
20,000	60,000	20,000	0	60,000	第　1　期　末
24,000			24,000		収　入　・　収　益
		20,000	(20,000)		減　価　償　却　費
(4,000)			(4,000)		配　当　支　出　・　利　益
20,000	0	20,000	0	0	当　期　増　減
40,000	60,000	40,000	0	60,000	第　2　期　末
26,000			26,000		収　入　・　収　益
		20,000	(20,000)		減　価　償　却　費
(6,000)			(6,000)		配　当　支　出　・　利　益
20,000	0	20,000	0	0	当　期　増　減
60,000	60,000	60,000	0	60,000	第　3　期　末

（筆者作成）

で，この欠点を改善するために歴史的原価システムに代わり，1.貨幣価値変動会計と2.現在価値会計が主張されるようになった。

1．貨幣価値変動会計

発生主義に基づく財政状態表は，異なる期日に取得した資産の原価を合計し

ている。また，異なる性質の資産，例えば現金と建物の未償却原価を合計している。一般にインフレーション下において貨幣購買力は低下しているが，歴史的原価会計の基では，異なる購買力を持つ貨幣で測定された資産が加算されたり減算されている。

このような不合理を解決するために，貨幣購買力の変動を変動率を用いて調整することが考えられた。貨幣購買力は一国のすべての財貨および用役に関係しているから，貨幣購買力の調整は相当手間がかかる作業である。このため，便宜上，消費者物価指数で調整する方法が用いられる。この指数は「消費者」という名称が示すように，真の貨幣購買力を示すほど広い範囲の財貨を含めて計算してはいない。

この方法によれば，貨幣性資産および一定の価額で表示されている債権を除き，すべての資産の価額は特定日の貨幣購買力あるいは当期の平均貨幣購買力で調整する。例えば，x1 年 1 月 1 日に購入した土地 60,000 千円は，5 年後のx5 年 12 月 31 日に一般物価指数が 120 から 180 になっているとすれば，歴史的原価 60,000 千円は x5 年の現在貨幣価値 90,000 千円（60,000 千円 × 180 ／120）に調整される。すなわち x1 年期首に購入した財貨・用役を x5 年末に購入するとすれば，1.5 倍の貨幣を支出しなければならないと仮定する。

この種の調整は財務諸表の価額の加法性を回復させる。しかし，土地の評価額 90,000 千円は x5 年の土地の価値を示すものではない。x1 年の土地の歴史的原価を x5 年の購買力と一致するように調整したことを示しているだけである。したがって，物価水準調整は歴史的原価システムの延長上にある。

2. 現在価値会計

特定の会計要素に現在の価額を割当てる方法の体系を現在価値会計システムという。これは入口価額（取替原価）システムと出口価額（正味実現可能価額）システムに分類される。

(1) 入口価額（取替原価）システム

入口価額システムは購入市場に関係している。例えば，A社が開業時に取得した固定資産の購入価額（取得原価60,000千円）が1期末に60,000千円，2期末に63,000千円，3期末に66,000千円になったと仮定する。他の条件が一定であるとすれば，A社の入口価額（取替原価）に基づく期末貸借対照表は，図表2-3「会計マトリックス2（取替原価）」の摘要欄の「第1期末」，「第2期末」および「第3期末」に示すとおりである。

取替原価による当期の減価償却費は，当期までの累計額から前期までの累計額を差し引いてその差額として計算する。取替原価が歴史的原価を超える価額は，貸借対照表において保有利益（評価差額）として示す。A社の当期利益は，評価益を含めなければ各年度とも2,000千円である。これらのx2年およびx3年の利益は歴史的原価によるx2年4,000千円，x3年6,000千円の利益より少ない。また，取替原価をつねに利用できるとは限らない。特に土地，建物あるいは特定の装置については，取替原価を利用できない場合が多い。市場性がある資産でも技術革新のためその資産の取替価値を適時に見出せるとは限らない。

(2) 出口価額（売却価額）システム

図表2-4「会計マトリックス3（売却価額）」は出口価額を示したものである。A社の固定資産の売却価額が，1期末39,000千円，2期末17,000千円および3期末0千円とすれば，A社の各期末の財政状態および経営業績は会計マトリックス3に示すとおりである。この方法は貸借対照表指向の評価法である。資産は会社が正常な営業過程で売却した場合の正味実現可能額で評価し，負債は決済日に支払うべき価額で評価する。当期の利益は資本取引以外の当期純資産の正味実現可能額の増加額を示す。減価償却費は当期中の固定資産の実現可能額の減少を表す。

資産を出口価額で示せば，貸借対照表は正常な営業過程における流動性および財務弾力性，あるいは投資能力を示す。また，資産は同一時点で評価されているから測定値は加法性があるし，損益項目も同一期間の評価基準で評価して

図表2－3

A社　会計マトリックス2（取替原価）

（単位：千円）

現金預金	固定資産	減価償却累計額	留保利益	保有利益	資本金	科目／摘要
60,000					60,000	第 1 期 首
(60,000)	60,000					固定資産取得支出
22,000			22,000			収 入 ・ 収 益
		20,000	(20,000)			減 価 償 却 費
(2,000)			(2,000)			配当支出・利益
(40,000)	60,000	20,000	0		0	当 期 増 減
20,000	60,000	20,000	0		60,000	第 1 期 末
24,000			24,000			収 入 ・ 収 益
	3,000			3,000		固定資産・保有利益
		22,000	(22,000)			減 価 償 却 費
(2,000)			(2,000)			配当支出・利益
22,000	3,000	22,000	0	3,000	0	当 期 増 減
42,000	63,000	42,000	0	3,000	60,000	第 2 期 末
26,000			26,000			収 入 ・ 収 益
	3,000			3,000		固定資産・保有利益
		24,000	(24,000)			減 価 償 却 費
(2,000)			(2,000)			配当金支出・利益
24,000	3,000	24,000	0	3,000	0	当 期 増 減
66,000	66,000	66,000	0	6,000	60,000	第 3 期 末

（筆者作成）

34 第2章　発生主義会計による利益の適合性

いるから合理的である。この意味で出口価額は利用者の情報要求に適合する。

　会計マトリックス3（売却価額）は第1期から第3期までの各会計期間の期中取引と期末資本を示したものである。売却価額による減損費は，「減損費累

図表2－4

A社　会計マトリックス3（売却価額）

（単位：千円）

現金預金	固定資産	減損費累計額	留保利益	資本金	科目／摘要
60,000				60,000	第　1　期　首
(60,000)	60,000				固定資産取得支出
22,000			22,000		収　入　・　収　益
		21,000	(21,000)		減　　損　　費
(1,000)			(1,000)		配当支出・利益
(39,000)		21,000	0	0	当　期　増　減
21,000	60,000	21,000	0	60,000	第　1　期　末
24,000			24,000		収　入　・　収　益
		22,000	(22,000)		減　　損　　費
(2,000)			(2,000)		配当支出・利益
22,000	0	22,000	0	0	当　期　増　減
43,000	60,000	43,000	0	60,000	第　2　期　末
26,000			26,000		収　入　・　収　益
		17,000	(17,000)		減　　損　　費
(9,000)			(9,000)		配当支出・利益
17,000	0	17,000	0	0	当　期　増　減
60,000	60,000	60,000	0	60,000	第　3　期　末

（筆者作成）

計額」欄に固定資産の正味実現可能額の減少として示している。

　図表2-5「各会計システムの利益の比較」は，①歴史的原価，②取替原価および③売却価額による第1期首および第3期末の資本と各期の利益および配当を1表にまとめたものである。

図表2-5
A社　各会計システムの利益の比較

(単位：千円)

会計システム 資本・ 　利益・配当	(1) 歴史的原価 （会計マトリックス1）	(2) 取替原価 （会計マトリックス2）	(3) 売却価額 （会計マトリックス3）
1期首　資　　本	60,000	60,000	60,000
1　期　利益・配当	2,000	2,000	1,000
2　期　利益・配当	4,000	2,000	2,000
3　期　利益・配当	6,000	2,000	9,000
3期末　資　　本	60,000	66,000	60,000

(筆者作成)

　歴史的原価によれば，経営者が固定資産の耐用年数に対する見積りを変更することによって，期間利益が変動する。取替原価も同様である。歴史的原価と売却価額において各期の利益の合計は同額であるが，売却価額による時は資産は市場価値に基づいて評価されるから，各期の利益に経営者の判断が入る余地はない。

3. 利益とキャッシュフロー

　2つの会社の期首の財政状態および期中の営業活動が全く同じでも，2つの会社が用いる収益および費用の認識・測定基準，原価配分基準あるいは資本維持の方針が異なれば，2つの会社の利益の測定額は異なる。しかしながら，両

36 第2章 発生主義会計による利益の適合性

社のキャッシュフローは，図表2-6「キャッシュフロー」が示すように変らない。

図表2-6
A社 キャッシュフロー

(単位：千円)

	1 期	2 期	3 期
期首現金	60,000	20,000	40,000
現金収入			
営業収入	22,000	24,000	26,000
現金支出			
固定資産購入支出	(60,000)		
配当支出	(2,000)	(4,000)	(6,000)
期末現金	20,000	40,000	60,000

　キャッシュフローは期間利益および財政状態の測定の場合と異なり，会計上の複雑な判断を含まない。その意味でキャッシュフロー会計は利用者の情報要求に応えることができる客観性の高い情報システムである。

第3節　利用者の情報要求

　これまで，財務会計システム，発生主義会計による利益および歴史的原価評価とその問題点について述べた。ここで，企業実体の利益と財政状態が，利用者の意思決定に適合するかを前例を用いて検討してみる。

1. 出 資 者

　出資者AはA社に資本を拠出し，A社はそれによって活動を開始した。したがって，出資者Aによる投資はA社への投資のうち最も基本的な部分である。また，利益の分配（配当）は出資者に対する報酬の支払いで，出資者が最

第3節　利用者の情報要求　37

も関心のある事項である。しかし，出資者に対する利益の配当は稼得した利益だけでなく，財務業績，財政状態および将来の財務的見通しの基に行われる。そこで，利益および財政状態の測定値が，利益の分配に適合するかどうかである。以下ではこれについて検討する。

(1) 出資者と歴史的原価情報

　図表2-2「会計マトリックス1（歴史的原価）」は第1期，第2期および第3期までの経営業績と財政状態を示している。会計マトリックス1によれば，第1期の減価償却前利益は22,000千円，配当前現金は22,000千円で2,000千円の配当を行うのに十分である。しかし，現金2,000千円の配当を支払うことに関連して，建物の減価償却終了後の固定資産の取替えについて考えておかなければならない。第1期末の配当後において貸借対照表はなお現金20,000千円が残されていることを示しているから，財政状態は不健全ではない。キャッシュフロー計算書によれば，配当2,000千円を支出しても現金残高は20,000千円あることを示している。第2期および第3期においても，貸借対照表の現金預金残高は，配当をそれぞれ4,000千円，6,000千円支払うのに十分である。

　第1期のキャッシュフロー計算書は，配当に必要な現金2,000千円が営業活動から得られたという情報を提供している。キャッシュフロー計算書は，営業活動から22,000千円の現金を得て，配当2,000千円を支払えることを示している。

　しかし，歴史的原価に基づく貸借対照表と損益計算書は，配当目的に十分な情報を提供できない。売上総利益は2,000千円であるが，売上総利益を配当するのではないから，売上総利益は配当と直接関連していない。また未償却原価は，過去の支出の一部を示すが現在の売却価額は示さない。いいかえれば，歴史的原価に基づく財務諸表は，①将来のキャッシュフロー情報を提供しない，②固定資産の期末評価額は期末の事実を示さない。設例において，固定資産を60,000千円で取得しその減価償却費は20,000千円であるが，償却後の固定資

38　第2章　発生主義会計による利益の適合性

産40,000千円は取得原価の未配分額で期末の公正価額ではない。減価償却費20,000千円は取得原価の当期配分額である。

　要約すれば，歴史的原価に基づく財務諸表は，過去の事実とそれに関するその後の経営者の判断の混合物で，当期中に生じた事実および期末の状態と全く適合しない。そのため，歴史的原価による情報は理解可能でない。会計知識のある利用者でも，A社は第1期中に利益2,000千円が実現し，第1期末の財政状態は期首と同等であると理解してしまう。これではA社が財務諸表の利用者に期末の状況を伝達しているとはいえない。

(2) 出資者と取替原価情報

　図表2-3「会計マトリックス2（取替原価）」は固定資産の取替原価情報を示している。これによれば固定資産の取替原価は第2期末に63,000千円で，第2期末の貸借対照表および第2期の損益計算書は図表2-7に示すとおりである。

図表2-7

A社　　　　　貸借対照表（取替原価）　第2期末　(単位：千円)

現　　　　　金	42,000	減 価 償 却 累 計 額	42,000
固 定 資 産	63,000	保 有 利 益	3,000
		資 本 金	60,000
	105,000		105,000

A社　　　　　損益計算書（取替原価）　第2期　(単位：千円)

減 価 償 却 費	22,000	収　　　　　益	24,000
純 　 利 　 益	2,000		
	24,000		24,000

第2期の損益計算書によれば，(1) 当期純利益は2,000千円である。また，(2) 利益に貸借対照表に表されている未実現の評価益（保有利益）3,000千円を加えれば5,000千円になることを示している。

しかし，これらの情報はつぎの3点で出資者のニーズを充足しているとはいえない。①物的資本維持による利益2,000千円は収益24,000千円から減価償却費22,000千円を差し引いているが，その理由は明らかでない。②純利益2,000千円は営業活動による正味キャッシュフローが22,000千円であることを明らかにしない。③貸借対照表における保有利益3,000千円は，歴史的原価による財政状態より財務構造が安定しているという印象を与える。また，取替原価システムも原価配分の計算に基づいているから，現実の状況に関する情報を提供しない。

取替原価情報の唯一の利点は，資産を取替原価で再評価して，営業損益と保有損益とを区分できることである。しかし，このように区分するために，保有利益は維持すべき資本であるという合意がなければならない。

つぎに，取替原価情報が経済的現実と適合するかどうかである。取替原価は各期の現在原価であるが，歴史的原価と同様に経営者の判断に基づいて一定の方式で原価を配分している。そのうえ，取替原価は報告時点における市場価格であり，取引事実の裏づけを持たない。また，取替えは実際に行われないことが多いし，取替が行われたとしても全く同一あるいは同等の資産と取替えることはほとんどない。したがって，取替原価に基づく損益計算書および貸借対照表は会社の経済的現実と一致しない。

(3) 出資者と売却価額情報

図表2-4「会計マトリックス3（売却価額）」は固定資産の価額を売却価額で示したものである。これによると，第2期の損益計算書と期末の貸借対照表は図表2-8に示すとおりである。

40　第2章　発生主義会計による利益の適合性

図表2-8

A 社　　　　　　　　**貸借対照表　第2期末**　　　（単位：千円）

現　　　　　金	43,000	減 損 費 累 計 額		43,000
固 定 資 産	60,000	資　　本　　金		60,000
	103,000			103,000

A 社　　　　　　　　**損益計算書　第2期**　　　（単位：千円）

固定資産減損費	22,000	収　　　　　益		24,000
純　利　益	2,000			
	24,000			24,000

　売却価額によるA社の第2期の財務諸表は，①経常的な投資可能額（当期現金増加額，22,000千円），②投資可能額（現金合計43,000千円），③事業継続の規模（正味実現可能資源60,000千円）という情報を提供している。出資者が代替的行動について意思決定する時は，売却価額で代替行動を説明できる。売却価額に基づく会計システムは，利益の分配，残余財産の分配あるいは企業形態の変更など，会社の代替的行動を選択するための情報を提供する。

2. 出資者以外の利用者

　出資者以外の利用者グループには，金融機関，仕入先，従業員，税務当局などがある。

（1）金　融　機　関

　銀行は取引先の勘定が「借越し」になっていれば，取引先に，少なくとも，①借越しはなぜ生じてその資金は何に使用されたか。②借越しに対する差入担保は十分か。③現在の借越額をもっと増額するか，現状維持かあるいは減額するか。④利息は確実に支払われ，借越額は返済されるかに関心を持つ。これらはすべて流動性に関係している。この問題を判断するために，通常，銀行が取

引先から入手できる資料は，歴史的原価に基づく財務諸表である。しかし，これらの数字から，会社の営業活動によるキャッシュを知ることはできない。会社の流動性に関心がある銀行にとって，売却価額に基づく財務諸表は，会社の実際のキャッシュフローおよび将来キャッシュフローの創出，担保資源の利用可能性の検討に適合している。

(2) 仕　入　先

仕入先が得意先に許容する信用期間は短い。また，仕入先が得意先に対して持つ債権の割合は，銀行が持つ債権の割合より一般にかなり小さい。また，仕入先は会社の財務諸表を入手する時，取引銀行のような特権的立場にない。そのため，仕入先は一般に利用可能な源泉から財務諸表を入手している。それらの財務諸表は歴史的原価に基づいていて，仕入先の要求には不適合である。

(3) 従　業　員

従業員は雇用の安定性，賃金および賃金に関連する将来給付の見通しに関心を持っている。したがって，従業員は，①会社が存続して継続的に雇用を確保できるか，②会社は賃金支払いに充当できる資金があるかという問題に関心を持つ。これらの問題は将来の期間に関係するから，会社の予測情報を必要としている。しかし，従業員はこれらの資料をほとんど入手できないから，過去の活動に関する情報を利用している。実際には，歴史的原価に基づいた財務情報でさえ一部の大会社の従業員あるいはその代表者だけしか入手できない。

(4) 税　務　当　局

税務当局は会社の法人所得税を決定する任務を持っている。法人所得税は当該期間の会社の歴史的原価に基づく利益に，税法上の調整をして決定される。歴史的原価に基づく利益は法人所得税計算の基礎である。税務当局は，取替原価や売却価額にはほとんど関心がない。その代わり，歴史的原価に基づく財務諸表は税法上の目的に適合することが多い。法人所得税法上の観点からみれば，情報の現実適合性とか理解可能性は2次的問題である。税務当局は，税法

に準拠して税務上用いる価額を，歴史的原価に基づく財務諸表から識別することに主な関心がある。例えば，税務当局は企業が用いた期末商品棚卸高の計算方法が，税務上認められるかどうかに関心を持って調整する。

要　　約

　本章では，財務会計システムを検討し，財務諸表は企業の経済事象と活動内容を利用者に伝達する手段であることを確認した。それに続いて発生主義会計システムの原理と問題点を検討した。これらは以下のように要約することができる。

1.　発生主義会計における期間利益は，実現した収益に費用を対応して計算する。期間利益は経営者の業績の指標を示すものとして用いられているが，経営者の主観的判断が多く含まれる。

2.　発生主義会計において，資産は未費消の経済的資源，費用は費消された経済的資源を表す。しかし，資産は歴史的原価に基づいて測定されるから，現在的意味を持たない。費用もまた歴史的原価の配分額を表し当期の価値費消を示さない。

3.　会社の期間利益と財政状態は，経済的事実と経営者の主観的判断に基づいて測定されている。経営者の主観的判断をすべて排除することはできないが，主観的判断が現実を不当に歪めないよう，経済的事象を最大化し判断を最小化しなければならない。原価配分を含む歴史的原価会計はこうした歪みを多く含んでいる。そのため，忠実な表現と理解可能性に欠ける。

4.　企業の利益情報とともに，企業の流動性および財務弾力性は利用者の共通する情報ニーズである。キャッシュフローと売却価額の報告は，この目的に適合する。キャッシュフロー会計は忠実な表現と理解可能性という点でもすぐれている。

参 考 文 献

FASB (1980), "Qualitative Characteristics of Accounting Information." *Statement of Financial Accounting Concepts No. 2*,

King, A. M. (2006), *Fair Value for Financial Reporting*, Wily.

Lee, T. A, (1984), *Cash Flow Accounting*, (Van Nostrand Reinhold). 鎌田信夫, 武田安弘, 大雄令純共訳 (1989), 『T. A. リー　現金収支会計』, 創成社。

第3章 支払能力，流動性および財務弾力性

　経営者は財務的観点から，少なくとも，商品を仕入れまたは製品を生産し，商品（または製品）を販売して，(1) 利益を得て純資産を増加し，(2) これらの活動から支出以上の収入を得て支払手段を確保しなければならない。前者を収益力，後者を支払能力という。

　収益力と支払能力は短期的には同じ方向に変動するとは限らない。利益をあげている会社でも，売掛金や商品が増加すれば，利益に相当する現金は増加しない。また逆に利益をあげていない会社でも，前期の売掛金の回収を行ったり在庫品を減らして支払能力に余裕が生じることがある。

　しかし，今日の会計においては，収益力が強調されていて，支払能力について十分な関心が払われていない。そこで本章では，企業の支払能力，流動性および財務弾力性について検討する。

第1節　支　払　能　力

1．財務諸表利用者と支払能力

　投資者は投資意思決定にあたり，投資しようとする会社の収益力だけでなく支払能力に注目している。債権者は利息の受取りと債権の回収を第1に考えるから，会社の支払能力に関心を持っている。出資者も会社が支払不能になり破産すれば，会社の清算に当り，債権者の権利が優先され出資者の救済は後回しにされるから，会社の支払能力に関心を持つ。また，会社が支払不能にならな

46 第3章　支払能力，流動性および財務弾力性

くても債務超過の徴候が生じれば，会社の株価は下がり，借入金利は上昇し会社の利益は減少する。また，支払能力がない会社は，有利な投資機会に遭遇してもそれを利用できないから，長期的には収益力が低下する。仕入先，得意先，従業員にも支払能力の低下はさまざまな形で影響を与える。

2.　支払能力と流動性

　支払能力は会社が債務に対する支払いを必要とする時に，その債務を支払う能力をいう。これに対して，流動性は貸借対照表の資産に基づく概念で，つぎの2つの意味で用いられている。ひとつは資産のうち現金に近い（現金近似性）資産を示す。もうひとつは貸借対照表の流動資産と流動負債との相対的関係を示す。これについてFASBはつぎのように述べている。

　　　例えば，2つの企業の流動性を両社の流動比率を比べることによって比較する場合，棚卸資産について一方の企業が後入先出法で評価し，他方の企業が先入先出法で評価すれば，ふつう，その比較は正しくない（SFAC 2, par. 117）。

　ここでいう流動性は流動資産および流動負債の構成割合を示す用語として用いられている。流動性については2節で詳しく考察する。

3.　支払能力の評価

　支払能力の評価とは，会社が債務を支払うために十分な現金を用意できなくなるようなリスクを評価することをいう。したがって，会社の支払能力の評価は将来キャッシュフローの金額，時期，不確実性などを予測する情報に関連する。また，会社の営業活動は変動する経済環境の基で行われるから，キャッシュアウトフローとキャッシュインフローが均衡するように，キャッシュフローを統制しなければならない。キャッシュフローを統制する能力に関する情

報も支払能力の評価に関する情報である。

会社の営業活動は収益能力だけでなく，支払能力にも関連している。例え
ば，ある商品を 10 万円で 2 社に販売したが，1 社へは即金払い，他社へは 5
年後受取り 10% 利付受取手形で販売したと仮定する。両社の取引は売上収益
10 万円を実現したことに変わりないが，現金の受取時期は全く異なる。現金
受取時点からみると，この取引は同等の取引とはいえない。キャッシュフロー
が生じる時期は支払能力を評価するための中心的事項である。したがって，現
金収入の時期と収益の時期は別個に区別して認識しなければならない。

4. 収益力重視の傾向

1920 年頃から 1930 年前半にかけて，アカウンタントの関心は債権者の情報
要求から株式投資者の情報要求に移行した。Hendriksen はこれについてつぎ
のように述べている。

> 1920 年後半から 1930 年前半に至る間の著述および議論を検討してみると，
> 基礎的な会計思考において重要な変化がみられる。それは経営者および債権
> 者に対する情報提示から，投資者および株主に対する情報提供という会計目
> 的への変化であった（Hendriksen 1977, p.54）。

これは財務報告の重点が，経営者および債権者指向の支払能力の報告から投
資者および株主指向の収益力報告へと，移行したことを指摘したものである。
今日でもこの傾向は継続している。会計基準の設定機関は，長年にわたり利益
の測定および資産，負債の評価の問題に関心を寄せてきた。アメリカでは，
AICPA が 1963 年に APBO 3「資金の源泉と使途」を公表するまで，会社の支
払能力評価に役立つ情報の報告は殆ど無視されてきた。

損益計算書は収益および費用に関する営業活動を示すが，営業キャッシュフ
ローおよび財務キャッシュフローに関する活動を示していない。アメリカで

48 第3章 支払能力，流動性および財務弾力性

1971年にAPBO 19「財政状態変動表」が発行され，財政状態変動表は主要な財務諸表のひとつとなった。しかし，それまでは貸借対照表，損益期計算書および付属明細表は「期末の財政状態およびこの年度の経営成績を適正に示す」ものとされてきた。これは経営成績が損益の結果を示すことを表している。

発生主義会計に基づく損益計算書は，1期間の重要な経営活動を明らかにするが，営業キャッシュフローを明らかにしない。そのため，Leeなど一部の論者は「支払能力の評価のためには，キャッシュフロー計算書が有用である」と主張してきた。しかし，キャッシュフロー計算書の主張が損益計算重視の思考に対する挑戦として退けられて，キャッシュフロー計算書の意義は正しく理解されなかった。これについて例えば，Bradishは1965年にキャッシュフロー計算書の重要性を認めてつぎのように述べている。

資金フロー分析は一定期間の貸借対照表の非流動項目の大部分の変動を示しているが，キャッシュフロー分析は流動資産および流動負債の分析を含んでいる。財務アナリストはキャッシュフロー分析がより有用な情報を提供すると考えて，自らの分析において，次第にキャッシュフローの重要性に注目するようになってきた（Bradish, 1965, pp.761, 762）。

Bradishの調査研究は，SECの株式会社開示諮問委員会によって承認された。しかし，この4年前の1961年にはAICPA会長でAPBの一員であったSeidmanは，キャッシュフロー情報について極めて消極的な発言をしていた。

職業アカウントに求められるのは，キャッシュフロー計算書を提示するために必要ないろいろな方法や用語を研究することより，キャッシュフロー数値は危険で誤解されやすいこと，また職業アカウントはキャッシュフロー数値に何のかかわりもないことを，会社，アナリスト，株主および取引所に報告することであると私は考える（Seidman 1961, June, p.31）。

FASB の 1978 年の SFAC 1「営利企業の財務報告の基本目的」でさえ，キャッシュフロー情報の報告についてつぎのように述べている。

発生主義によって測定される企業の稼得利益およびその構成要素に関する情報は，一般にキャッシュフローに関する情報より企業の業績の優れた指標を提供する。発生主義会計は企業が現金を受取りあるいは支払った期間だけでなく，取引，その他の事象および環境要因が発生する期間に，現金に影響を与える取引，その他の事象および環境要因の財務的結果を記録しようとする。発生主義会計は，資源および経営活動に支出された現金がその企業にそれ以上の（またはそれより少ない）現金として回収されるプロセスに関連していて，そのプロセスの最初と最後だけに関連しているのではない（SFAC 1, par.44, 下線部筆者）。

これは，発生主義会計の利益情報は，企業のキャッシュフロー情報より優れた経営業績の尺度である，と述べている。しかし，会社が必要なキャッシュを入手したり投資支出することは，利益稼得とは別個の企業業績の必要な部分として認識しなければならない。

FASB は損益活動と収支活動を混同し，競合する活動としている。しかし，両者は競合する活動ではない。実際，会社が売掛金をいつ回収し買掛金をいつ支払うか，また，投資支出をどれほど行いそれがどのような源泉で賄われるかは，生産あるいは販売活動とは別個に決定されている。2 つの活動は異なる目的のための異なる活動であり，互いに補完するものであって競合するものではない。

第 2 節　流　　動　　性

財務報告の目的のひとつは，将来キャッシュフローの金額，時期および不確

50 第3章 支払能力，流動性および財務弾力性

実性を評価する場合に有用な情報を提供することである。流動性（Liquidity）の評価はこの問題に関連していて，資産，負債が将来において実現する時期を評価することである。

1. 歴 史 的 意 味

1930年代に至るまで，貸借対照表は流動比率（current ratio）を計算するための資料を提供する手段と考えられ，流動資産は短期債権者の関心を集めた。すなわち，流動負債は次年度に流動資産によって支払われるべき債務とみなされていた。これについて Vatter はつぎのように述べている。

> 債権者が債務の支払いと信用状態の維持のために注目しなければならないのは，流動資産である。流動資産だけが換金化することにより，債務を支払うため頼りにできる実現可能額を示している。土地，建物，特許権，リース，のれんなどの固定資産は，間接的な意味で価値がある（Vatter 1947, p.64）。

当時，債権者が入手できる企業情報は貸借対照表以外になかった。また，特に固定資産は強制清算においてほとんど売却価値がないので，債権者は流動資産を重視してきた。さらに，一般の会社は長期信用を利用できなかったから，事実上，短期債権者の情報要求が優先された。今日の会計実務のうち，(1) 資産および負債を流動性基準に基づいて分類する。(2) 棚卸資産を低価基準に基づいて評価する。(3) 流動資産および流動負債の分類基準として1年基準を用いる，という3点は少なくとも初期の会計実務を継承したものである。しかし，今日において，(1) 財務情報に関心を持つ外部者は多様化し，(2) 貸借対照表以外の財務報告書も利用できるようになって，社会的状況は大いに変化してきた。

2. 運転資本概念の普及

運転資本概念は，1980 年ごろまで，資金計算書において広く用いられてきた。コーラー（E.L.Kohler）の『会計学事典』でも，「運転資本とは企業の活動に当面使用されている資本：流動資産と流動負債との差額であると」定義されている（染谷恭次郎監訳 1973, p.514）。これが示すように，資金計算書における資金は運転資本と理解することが支配的な見解であった。

運転資本概念が広く支持されたのは，運転資本は他の資金概念より形式的に明確で利用しやすく，統一的な限界を示すことができたからである。また，資金計算書は，流動資産と流動負債の差額としての運転資本概念を用いることによって広く普及し内容の改善がみられた。運転資本は，棚卸資産増加のため短期借入をしても，現金売りか掛売りかによっても，変動は生じないから理解しやすい。ただし，前払費用というような非貨幣性資産を運転資金概念に含めることについては現金化しない資産として問題とされた。

3. 運転資本と支払能力の評価

今日，資産および負債は 1 年基準または営業循環基準により流動・非流動基準により分類されている。しかし，利用者が会社の支払能力を評価する時，この分類法が役立つかどうかは疑わしい。そこで，資産および負債の流動・非流動分類を（1）支払資源と支払義務の情報を提供するか，（2）支払不能あるいは財務的失敗を予測するための指標となり得るか，（3）支払能力を示す指標の計算に役立っているかという点から検討してみる。

まず第 1 の問題であるが，流動・非流動分類は支払能力情報を提供していないといわざるを得ない。それは会社が 1 年基準と営業循環期間基準という 2 つの基準を選択して利用しているからである。会計研究会報 43 号（ARB 43）「ARB の改訂」は流動資産および流動負債についてつぎのように述べている。

52 第3章 支払能力，流動性および財務弾力性

　　流動資産という用語は，現金および企業の営業循環期間中に現金に実現し，あるいは売却または消費されると合理的に期待されるその他の資産または資源を指すものとして用いられる。……

　　1年以内に数回の営業循環期間がある場合は，流動資産を区分するために営業循環期間の代わりに1年という期間が用いられる（AICPA 1963, ARB 43 chapt.3 par.3)。

　流動負債の分類についても同様である。流動・非流動分類は，実務上1年以内に実現しない過剰棚卸資産を流動資産として分類し，他方で1年以内に現金に転換する売却予定の土地，あるいは営業循環期間内に現金として実現可能な機械・設備を非流動資産として分類している。

　第2の流動・非流動分類が財務的失敗の予測指標として役立つかという問題について，1968年のBeaverの実証研究「市場価額，財務比率および財務的失敗の予測」は，財務的失敗を予測するための比率として，流動比率が流動・非流動分類によらない比率より著しく劣っていることを明らかにしている（Beaver 1968, pp.113, 122)。

　第3の流動資産および流動負債という分類が利用されているかという問題であるが，これについて，Heathは，「財務諸表に精通した多くの利用者は，アカウントントの分類を利用していない。利用者は，資産および負債のうちどれを流動に含めるべきかについて自ら検討して，それに基づいて分類している」と述べている（鎌田共訳1982, p.86)。流動資産のなかで棚卸資産が特に問題である。棚卸資産は販売プロセスを必要とするから，当座資産とは異なる。また，流動・非流動分類は，製造工業の場合，原材料，仕掛品，製品などを棚卸資産に含めるが，このなかで製品は原材料や仕掛品より流動性が高い。このような理由で，Heathは流動・非流動分類法は多くの利用者に役立っていないと述べている。

第3節　財務弾力性

1．財務弾力性の必要性と源泉

　会社は経済的資源の長期的な利用計画（長期計画）を策定し，長期計画に基づいて期待キャッシュフローを予測する。このような長期的予測は，将来の事業環境と活動水準を前提にしている。しかし，事業環境や会社の活動水準は不確実で予測することは難しく，現実には，実現キャッシュフローと予測キャッシュフローとが一致することは殆どない。

　景気が好転して，会社がよい投資機会に遭遇すれば，経営者はその投資機会を利用できるかどうか検討する。しかし，それを利用するためにはキャッシュが必要であるから，会社は一定のキャッシュを用意できなければならない。反対に，景気が後退して不況になれば，不況に耐えて存続していくために，一定のキャッシュを必要とする。会社は，そのため，配当を支払ったり債務を返済したり，あるいは計画中の投資案に支出することを中止せざるを得ないこともある。これを回避するため，一部の会社は予め経済的資源を確保しておいたり，直ちに調達できるようにしている。

　このようにキャッシュの必要性に対応するために，会社は一定の経済的資源を保有する。保有する資源の種類および価額は，経営者のキャッシュに対する予測に基づいている。もし将来キャッシュの不足が一時的であれば，会社は短期資金を借入れたり，市場性ある有価証券のような営業資産以外の資産を利用する。これに対し，キャッシュ不足が経営環境の基本的変動から生じている時は，会社は大幅な営業活動の変更を余儀なくされる。

　会社が（1）営業活動から多額のキャッシュフローを創出したり，（2）経済的資源を流動化したり，（3）社債発行または銀行借入などにより追加資金を調達できたり，あるいは（4）新株を発行して営業資産を流動化できる時は，そ

の会社は財務弾力性があるといわれる。図表3-1「財務弾力性の源泉」は，FASBの「討議資料」(FASB 1980, p.109) を参考に作成したものである。

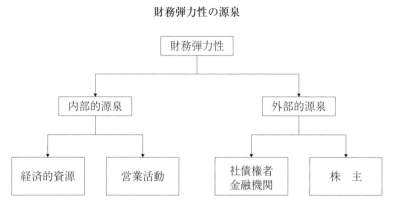

財務弾力性は，「会社が不況のためキャッシュ不足になる思われる時に，会社が効果的に行動することによりキャッシュ不足に伴う不確実性を限定し，また有利な投資機会が生じた時，会社がそれを利用し経営の成果を向上させる能力」をいう。

会社が財務弾力性の源泉のひとつを利用すると，それはその他の将来キャッシュフローの金額および時期に影響を与える。例えば，会社が新製品を開発するため銀行融資を利用して投資すれば，将来営業キャッシュフローは増加し，会社はキャッシュフローの予測を変更しなければならないことがある。

2. 財務弾力性に影響する要因

図表3-1「財務弾力性の源泉」が示すように，財務弾力性は外部的源泉と

内部的源泉に大別される。会社が株式や社債を発行して市場で資金を調達した
り，金融機関から資金を借入れることができれば，会社の財務弾力性は大きい。
また，会社が不要資産を処分する能力を持っていることも，財務弾力性の増強
に役立つ。さらに，営業活動を調整してキャッシュフローを増加したり，投資
活動を縮小してキャッシュを創出できれば，会社の財務弾力性は大きい。これ
に対して，固定的経費，契約上の債務，公的債務，戦略的計画および営業能力
維持のために支出が必要であれば，それらは財務弾力性の障害となる。会社が
取引する商品の市場は，営業キャッシュフローに影響力するから，会社の財務
弾力性と関係がある。

　会社が新株を発行できるかどうかは，内部要因だけでなく外部要因にも多く
依存している。図表3-2「株式発行に与える要因」はこれを示したもので
ある。

図表3-2
株式発行に与える要因

外部の要因	内部の要因
• 株式市場の傾向と事象（例，機関投資者の資金量）。 • 競合会社の株式の発行高。 • 同業他社の傾向と事象。	• 現在の有価証券取引高 • 債務の有高，債務のコスト，債務の水準。 • 採択したリスクおよびリターンの評価。

（筆者作成）

　有価証券の取引高，信用格付けおよび社債コストなどに関する情報は，財務
諸表外で求める。会社の財務諸表は市場全体の情報に関する情報源としては適
切でない。

56 第3章　支払能力，流動性および財務弾力性

　以下では財務弾力性の源泉のうち（1）資産の売却と（2）営業活動の調整について検討する。資産の売却については，①資産の売却可能性，②資産の分離可能性および③価格の特性を取り上げて検討する。

（1）資産の売却

①資産の売却可能性

　会社の管理者は予期しない現金の必要性が生じても，長期的な収益力に与える影響からみて，使用資産を売却しようとはしない。資産の売却は営業活動に対する障害となることが多い。例えば，必要な部品の製造設備を売却すれば，その部品を他社から購入しなければならない。したがって，設備の売却が経営活動全体に与える影響を検討してみなければならない。

　②分離可能性　使用資産の分離可能性は，その資産の（a）営業上の必要性，（b）他の資産との相互依存性，（c）一体性および（d）契約または法令上の制約という点から検討しなければならない。

　（a）営業上の必要性　代替的資産がなければその資産は営業活動にとって不可欠である。例えば，小売業者はつねに一定の現金を用意していなければ，売買取引を円滑に行うことはできない。顧客と迅速な取引をするためには現金に代わる資産はない。これに対して，ある生産設備を売却しても，製品の生産に支障は生じないことがある。例えば，いままで生産していた部品を他から仕入れることができたり，生産設備をリースバックできれば，会社は経営活動を継続できるから，この資産は不可欠でない。

　（b）相互依存性　製品の製造設備と貯蔵設備は相互依存的である。このような設備は分離できない。相互依存に関する情報は財務弾力性を評価するために不可欠である。

　（c）一体性　資産を1グループとして一体的に用いている時，資産グループを構成する個々の資産はキャッシュの源泉としての有用性は低い。一体的な資産のすべてを売却すれば，それが余剰現金創出の原因となることがある。ま

た，グループを構成する一部の資産の売却に伴う営業活動の変更は，将来の利益に影響を与える。資産の不可分性は物理的特質以外の要因からも生じる。例えば，他社株式の保有は資金留保の目的だけでなく，親会社か子会社あるいは関連会社に対する支配または影響力を行使するため必要である。

(d) 契約または法令上の制約　債務者は資産を処分する能力を制限させられることがある。例えば，銀行は短期貸付金の確実な返済を求めるために，債務者に一定の現金や預金を保持すること（拘束預金）を要求することがある。その他，特定の資産の売却を防止するため，資産の売却に対して課徴金を課すこともある。

③価格の特性

資産の価格は，市場性と価格変動という2つの側面から検討しなければならない。

(a) 市場性　「資産の市場性は，購入価格と特定時点の強制清算による実現可能額との間の値開きをいい，この価格差が小さい資産は市場性があるといわれる」（鎌田共訳 1982, p.27）。市場性がある資産は財務弾力性を増加させる。

(b) 価格の変動性　価格の変動性とは，売却時における価格の安定性（あるいは安定性の欠如）をいう。価格が安定している資産は，価格が大きく変動する資産より現金の源泉として信頼できる。また，経営者は帳簿価格が市場価格を上回る時は，売却すれば損失が生じるから，一時的な現金を補うため資産を売りたがらない（鎌田共訳 1982, p.27）。このことは価格の変動性が大きい時にその傾向は強くなる。

(2) 営業活動の調整

売上高は販売する商品の価格と数量に依存するから，売上高を増加するためには，これら2つの要素に対する顧客の反応を観察しなければならない。前期までの各商品の売上数量および価格の変動は，将来の売上高を予測するための情報として役立つ。商品の種類と継続期間もまた売上高を予測するために役

58　第3章　支払能力, 流動性および財務弾力性

立つ。

　商品以外の営業用資産の実現可能性は, 資産の市場性と他の資産に影響を与えないで売却できる資産の数(範囲)が関係する。例えば, セグメント別に多角化している会社は, 他のセグメントの経営に影響を与えることなく, 特定のセグメントの, 資産全部を売却できることがある。

　営業支出を減少するためには, 現金支出を管理者の自由裁量支出と非自由裁量支出に分類しておかなければならない。管理者の自由裁量支出とは, 短期的には現金収入を低下しないで管理者が減少できる支出をいう。生産設備の拡大, 研究開発の推進, 販売活動の促進, 従業員訓練計画などの一部または全部の支出は自由裁量支出と考えられる。また非自由裁量支出とは管理者が短期的には減少できない支出で, 営業水準の維持や機械設備の保全, 必要な財貨および用役の購入, その他の債務の支払い, あるいは税金等の支出をいう。

3. 財務弾力性の報告

　財務弾力性は, すでに述べたように, 多くの要因が関係する概念であって, 現在保有する資産の売却価額情報だけでなく, 将来キャッシュフローに関連する契約や期待に関する情報を必要とする。そのために, キャッシュフロー計算書の他に, 補足明細表として①財務活動明細表および②投資活動明細表が必要である。

(1) 財務活動明細表

　財務活動明細表は, 新株発行, 転換社債の普通株式への転換など, 会社の資本構造内部の変動を示す。ここで, 資本構造とは, 会社の財務上の負債および株主持分の構成を示すために用いている。その他, 借入やその返済, 株式の購入や売却などだけでなく, 利益の留保や配当の支払いなども含まれる。

　借入やその返済, 株式の発行, 配当支払いなど会社の資本構造に影響を与える多くの財務活動は, 会社の現金にも影響を与えることが多い。したがって,

第3節 財務弾力性 *59*

これらは財務活動明細表だけでなく，キャッシュフロー計算書にも表示される。このように，一部の財務活動は重複して報告されるが，2つの計算書は異なる視点から報告している。すなわち，キャッシュフロー計算書は財務活動の現金に対する影響を示すものであり，財務活動明細表は資本構造あるいは財務弾力性に対する影響を報告する。これにより，2つの報告書の情報開示の目的が明らかになり理解しやすくなる。

図表3-3は財務活動明細表の1例である。

図表3-3

財務活動明細表

（単位：千円）

x1年12月31日に終了する年度

	増加（減少）	
負債による財務活動		
手形借入		
借　　　　入	40,000	
返　　　　済	(6,000)	
正　味　借　入	34,000	
担保付借入金支払	(1,000)	
正味増加		33,000
株式による財務活動		
新株発行（資本金，その他の資本剰余金）	30,000	
自己株式500株売却（自己株式）	7,400	
利益剰余金増加	2,980	
正味増加		40,380
財務活動合計		73,380

（Heath, 1978, p.133を参考に筆者作成）

60　第3章　支払能力，流動性および財務弾力性

（2）投資活動明細表

　投資活動明細表は，投資用の土地および長期的に保有する社債や株式に対する投資が含まれる。投資活動明細表は，報告すべき取引や事象についてキャッシュフローが生じたかどうかにかかわらず，それらのすべてを開示する。キャッシュフロー計算書は現金支出が生じた投資を示すのに対して，投資活動明細表はすべての投資資産および有価証券の取得および処分を開示する。

　図表3-4は投資活動明細表の1例である。

図表3-4

投資活動明細表

（単位：千円）

x1年12月31日に終了する年度

期首　土地（投資用）・有価証券	219,000
加算：購　　入	52,000
	271,000
差引：売却した投資資産	21,000
期末　土地（投資用）・有価証券	250,000

（Heath, 1978, p.135 を参考に筆者作成）

要　　約

　発生主義会計による財務諸表は，利用者に対する有用な報告手段として十分機能しているとはいえない。流動性，支払能力および財務弾力性の情報の提供のために，（1）キャッシュフロー計算書および（2）キャッシュフロー計算書の付属明細表として，①財務活動明細表および②投資活動明細表が必要である。ここで提案した明細書は，今日開示されているより多くの情報を要求下はいない。この提案の目的は流動性，支払能力および財務弾力性を理解しやすい

ように開示するという点にある。発生主義会計による財務情報と，利用者の情報要求との間に大きな乖離が生じている。

参考文献

AICPA（1953），"Restatement and Revision of Accounting Research Bulletins." Accounting Research Bulletin No. 43.

APB（1963），"The Application and Source of Funds," *APB Opinion No. 3*

―――（1971），"Reporting Changes in Financial Position," *APB Opinion No. 19.*

Beaver, W.（1968），Market Prices, Financial Ratios and Predicion of failures, *Journal of Accounting Research 6.*

Bradish, Richard D.,（1965），Corporate Reporting and the Financial Analysis, *Accounting Review40.*

FASB（1980），*FASB Discussion Memorandum : Reporting Funds Flows, Liquidity, and Financial Flexibility.*

―――（1978），"Objectives of Financial Reportin by Business Enterprises." *Statement of Financial Accounting Concept No. 1,*

―――（1980），"Qualitative Characteristics of Accounting Information." *Statement of Financial Accounting Concept No. 2,*

Heath, Loyd（1978），*Finacial Reporting and the Evaluation of Solvency.* （AICPA）. 鎌田信夫・藤田幸男共訳（1982），『ヒース財務報告と支払能力の評価』，国元書房。

Hendriksen, E. S.（1977），*Accounting Theory.* 3th ed., （Irwin）.

Kohler, E. L.（1970），*A Dictionary for Accountants,* 4thed.,（Prentice Hall）. 染谷恭次郎訳（1973），『コーラー会計学辞典（復刻版）』，丸善。

Seidman, J. S.（1961），"Cash flow concepts," （in Letters），*Journal of Accountancy,* June, 1961

Vatter, W.（1947），*The Fund Theory of Accounting and Its Implication for Financial Reporting* University of Chicago Press.

第4章 資産の評価

　今日の会計基準は，原則として，資産を歴史的原価に基づいて測定するよう規定している。歴史的原価とは取得時における支出額をいう。歴史的原価は取引相手がいるから客観的であるというだけでなく，取得時における市場価額を表している。しかし，歴史的原価基準がつねにすべての資産の測定に適用されてはいない。例えば，棚卸資産は正味売却価額が取得原価より下落した時は正味売却価額（市場価額）で評価しなければならない。このような資産価額の引下げは，債権者に担保価値を正しく示すために行われる。またFASBは，1993年に，売買目的有価証券および売却可能有価証券（available to sale securities）を現在市場価額で報告することを定めた（FASB 1993, SFAS 115）。わが国でも同様の規定を行っている（企業会計基準委員会，2006，企業会計基準第10号）。これらの改定を契機に，歴史的原価による資産評価を再検討する気運が生じてきている。そこで本章では，利用者の意思決定に対する情報提供という観点から資産の評価を再検討してみる。

第1節 資産の本質

　資産の評価（測定）基準を検討するに先立って，資産の本質と資産評価の目的について概観してみる。これまでアメリカの権威ある会計専門職は，1953年，1970年および1985年に資産の定義を試みている。

64 第4章 資産の評価

1. 会計用語委員会（CAT）

「会計の規則あるいは原則に従って，会計帳簿の締切時に繰越されているあるいは適切に繰越されるべき借方残高として示されるもの（これらの残高が，実際上，負債となるマイナス残高でない時）。これらの借方残高は，財産権または取得した価値あるいは創出した価値を持つか，将来の支出に代替しうる支出を示す。したがって，貸借対照表分類において，設備，売掛金，棚卸資産および繰延資産はすべて資産である」（AICPA 1953, par.26）。

2. 会計原則審議会（APB）

「一般に認められた会計原則と一致するように認識，測定された企業の経済的資源。あるいは，資源ではないが一般に認められた会計原則と一致するように認識，測定された一部の繰延費用を含む」（APB 1970, APBS 4, par.132）。

3. 財務会計基準審議会（FASB）

「特定の企業が過去の取引あるいは事象の結果として，入手し統制している将来の経済的便益」（FASB 1985, SFAC 6, pars.25）。

上記の定義をよく検討してみると，これらの定義はすべてつぎの3つの要件を満たしている。

(1) 資産は，単独でまたは他の資産と結合して，直接的または間接的に将来のキャッシュフローに貢献する能力を持つ。

(2) 企業実体が入手した経済的便益に関する取引または事象がすでに生じている。

(3) 企業実体が入手した経済的便益に他の実体が接近することを統制できる。

つぎに，これら3つの資産の定義を比較して，各定義の特徴を示してみる。

4. 資産の定義の比較

第1の定義は，資産は法的財産であることを強調している。また，繰延資産は法的財産ではないが将来の費用であるという理由で，「適切に繰越されるべき借方残高」として資産に含めている。これはCATが損益計算を重視し，損益計算について収益・費用アプローチを採択することを表明したものと理解されている。

第2の定義は，資産は経済的資源であることを強調し，資産は「経済的活動を実行するため……利用可能な希少手段」（APB 1970, APBS 4 par.57）と説明している。資産は将来の経済的価値を持つもので法的財産に限定されない。例えば，リース契約は会社にリース資産の所有権は認めないが，リース資産の利用を認めているから，リース資産は資産の定義を満たしている。また，この定義は繰延費用を他の資産と別個に区別しているが，資産グループのひとつに含めている。

第3の定義は，資産は経済的資源であるという概念をさらに展開したものである。この定義は，資産の条件として，①資産は将来の経済的便益を生じさせる能力がある，②会社は資産の統制力を持つ，および③資産についての取引が発生していることを述べている。これまで，経済的便益を提供する能力は用役潜在力（service potentials）といわれてきた。これは将来におけるプラスのキャッシュフローという意味で同義である。

FASBは繰延資産についてつぎのように述べている。

　　もし研究開発活動あるいは広告が，前払保険料あるいは前払家賃から得られる将来の便益と同様に，企業実体の将来の経済的便益の取得または増加となる場合は，それらの将来の経済的便益は，前払保険料や前払賃借料から得

66 第4章 資産の評価

られる将来便益と同様の便益をもたらすから，資産の要件を満している。実
務上問題となるのは，将来の便益が実際に存在するか，また存在するとすれ
ばそれはどれほどかである。将来便益の評価は，もしあるとしても将来実現
するから，かなり複雑な評価である（SFAC 6, par. 176）。

「経済的資源」法は，将来キャッシュフローに役立てば価値を持つという経
済的思考に基づいている。この考え方は，経済学文献だけでなく会計学文献に
も多くみられてきた。これは法的財産というより，資産の統制に重点をおいて
いる。しかし，経済的資源概念の範囲を限定する必要がある。そのため，①将
来便益の認識方法，②将来便益の価額決定方法などについて，提言が行われて
いる。Chambers は，資産を売却可能性および分離可能性という特質を用いて
限定しようとした（Chambers 1966, p. 103）。

Chambers は，会計上の資産は売却可能で，分離可能な経済的資源だけを表
すと主張している。この「売却可能な」という条件は，便益の実現可能性とい
う点から資産を限定している。例えば，会社が「使用するためだけに保有する
資産」は「売却できる資産」より，資産の便益を実現するリスクが高い。その
ため，使用するだけの資産は除外している。

売却可能性という特性は，評価基準を市場交換価額に限定する。出資者に
とって使用価値はあるが市場価値はない財貨がある。例えば，製造設備の再配
置費用あるいは設置費用がある。この再配置費用は市場価値はないが将来
キャッシュフローを生み出す潜在力を持っている。しかし，これらは分離可能
ではないし売却可能でもない。

資産の市場価値は，その資産が他の資源の調達能力および支払能力を持つこ
とを示すから，会社が行う意思決定に適合する。また市場価値の利用は，価値
決定者は市場であり経営者ではないことを示している。市場価値は客観的な測
定値であり，使用価値は現在の期待値の合計で主観的測定値である。

資産の定義は，狭い法的なものから経済的資源という広い概念に発展してきた。定義が広くなるにつれて，資産と資産でないものとの境界は曖昧なものになってきて，分離可能性および売却可能性という特性を生じさせた。

第2節　資産評価の目的

会計の目的はすべて資産評価の目的と関連している。そのため，資産評価と会計の目的は広い範囲で重複している。多様な会計目的に適合するいろいろな利益尺度があるように，多様な会計目的に適合するいろいろな資産の測定尺度がある。ひとつの資産の測定概念がすべての会計目的に等しく役立つことはない。

今日まで行われた議論を整理してみると，資産の測定は利益計算と財政状態の表示の進展とともに発展してきた。したがって，資産の測定も，構造論，経済的解釈論，および行動論の視点から，検討することができる（Hendriksen 1982：chapt.7）。利益を構造論でみる時，対応プロセスのひとつの段階として資産を評価する。また，利益を経済的解釈という点からみる時は，1期間に純資産がどれほど増価したかという視点から資産を測定する。さらに，行動論的視点からみる時は，利益予測あるいは投資意思決定に役立つように資産を評価する。

1．構造論に基づく資産評価——対応計算のための評価

構造論によれば，資産を貨幣性資産と非貨幣性資産に分類し，貨幣性資産は正味実現可能額（回収可能額）で評価し，非貨幣性資産はその原価が収益に対応されるまであるいは特定期間の費用となるまで，入口価額（原価）で評価する。これによれば，経営活動から生じる営業利益は特定期間の収益とそれに対応する費用（歴史的原価）との差額として計算する。また，この利益は貨幣価

68 第4章 資産の評価

値が変動しないことを前提としている。貨幣価値の変動を認めれば，歴史的原価を当期の収益と同じ購買力を持つ貨幣で修正しなければならない。

　非貨幣性資産は貨幣価値が一定しているとしても，資産の市場価値は変動するから，資産評価の問題が生じる。実際，市場価値が変動する時の利益計算のため，資産評価について2つの立場が生じた。ひとつは，「資産消滅時の入口価額を重視する」立場である。例えば，後入先出法を用いて当期の費用を評価し，期末価額はその残余とする。他は，「消滅した資産価値の変動に対応できるように，資産を再測定するという立場である。前者によれば期末資産の評価額と市場価額は乖離するし，後者によれば再測定に困難を伴う。

　また，企業活動の犠牲と成果を対応関係で結びつけることができないことが多い。例えば，開業費，開発費のような繰延資産の原価を特定の収益と対応させることはむずかしい。そのため，製品または費用への原価配分は恣意的にならざるを得ない。また，繰越額は将来の便益との関係はほとんどない。

2. 経済的解釈論に基づく資産評価——増価法による評価

　増価尺度による収益の認識基準として，工事完成基準と工事進行基準とがある。工事進行基準は財貨の販売または引渡し以前に収益を認識する。したがって，一般的な収益認識の例外基準である。しかし，工事原価の見積りと進行度が合理的に信頼できる時は，工事進行基準は経営活動の実態を表している。忠実な表現という点からは，例外基準というより基本的基準と考えられる。これについて飯野教授はつぎのように述べている。

　　　本来，収益は生産過程において創生され，それが販売ないし引渡しによって実現するに過ぎない。その期間が比較的短い場合には，製造過程では収益を全く計上しないで，販売または引渡の時に収益を計上する。販売基準または工事完成基準によるとしても，その不合理はあまり目立たない。ところが，

生産期間が長期にわたる工事の場合には，その不合理は拡大してあらわれる（飯野 1993, pp.11-25）。

　会計原則審議会（APB）も，原価の見積りと完成のための進行度が合理的に信頼できる時は，工事進行基準を推奨している（AICPA 1955, ARB 45, par. 15）。

　増価法によれば，利益は資産の評価額が増加（あるいは負債の評価額の減少）した時に発生する。いいかえれば，利益は投入価値（原価）から産出価額（割引正味実現可能額）への価値増加によって生じる。例えば，棚卸資産は生産完了時点または販売時点で，実現可能額に増価する。また，未収利息，未収賃貸料などの現金請求権は，時間の経過に従って利息の発生額だけ増価する。

　増価評価は，製品については製造過程が完了して受入れ価額が明らかになれば，できるだけ早く製品の評価額を産出価値および現金価値に近づけることをいう。この増価法と原価法とを関連させれば，正常な増価額により未実現利益を測定し，実現時点で利得と正常利益とを分類して測定できる。

　増価法は，市場で決定される産出価額あるいは受取る現金に基づいて価値の増加を認識し測定するから，現実の状況を忠実に示している。その意味で実現可能額は入口価額より優れている。

3. 行動論に基づく資産評価——投資者および債権者の意思決定

　投資者および債権者は，会社が提供する情報に基づいて新たに投資するか投資を継続するかを決定している。しかし，投資者と債権者の財政状態に関する情報要求は同じではない。

3−1　投資者に役立つ評価

　会社の資産，負債および持分に関する情報を財政状態表に要約して，定期的に投資者に報告することは，会社の財務報告の重要な目的である。しかし，資

70 第4章　資産の評価

産の評価尺度については意見の一致をみていない。財政状態表は会計慣習および一般に認められた会計原則に基づいて元帳から誘導された概念であり，連続する2期の損益計算書の連結環あるいは残高計算書であると理解されてきた。そのような財政状態表は将来の予測をするために役立たない。投資者に役立つ情報を提供するためには，それに適合する評価概念を用いなければならない。そこでまず連結環としての財政状態表の意味を明らかにしておく。

（1）2期の損益計算書の連結環としての財政状態表

　会計帳簿から誘導的に貸借対照表を作成するアプローチ（誘導法）が重視されるようになって，貸借対照表は次期以後に繰越される科目の残高表であるといわれる。これによれば，貸借対照表は将来の予測より過去の事実に深く関連している。売掛金や受取手形のような貨幣性資産は，比較的近い時点で測定されているから現在の購買力あるいは将来の現金を示しているが，機械や建物のような非貨幣性資産は，過去の原価あるいは過去の償却と費用化手続きから生じた残余原価で測定されていて，将来の現金を示すとはいえない。

　これを支持する主張の根拠は次の4つに大別される。

①貸借対照表は，出資者の投資額を留保利益や期末残余額によって跡付けることにより，経営者の受託責任を示すものである。

②貸借対照表は，企業の経営活動の特質と企業の貨幣性資産および非貨幣性資産（未使用原価）を要約する報告書である。すなわち，「貸借対照表は，収入または支出で損益計算的に未解決の項目と現金および現金等価物を一表にまとめて作成されたもので」，つぎの収入および支出項目で構成される（飯野1993：pp.14-15）。

貸 借 対 照 表

現金および現金同等物	収入・非収益（資本金・負債等）
未収入・収益（未収収益）	収入・未収益（前受収益）
支出・非費用（貸付金等）	未支出・費用（未払費用，負債性引当金）
支出・未費用（費用性資産，前払費用）	

③賃借対照表は，できるだけ適切な用語と記述によって経済的関連を完全に開示しようとしたものである。企業の経営活動の特質は資金計算書のような補足計算書で開示できる。

④歴史的原価以外の評価法を認めれば，貸借対照表の情報提供力が著しく減殺され，損益計算書もまた歪められる（Hendriksen, 1982, p.256）。

　しかし，残余物としての貸借対照表は経済的現実と乖離しているとして，つぎのように批判されている。

1.　多くの資産は歴史的原価で評価されているため，資産の公正価値が報告されていない。

2.　多くの項目や科目の測定に経営者の判断および見積りが含まれている。

3.　会社にとって価値のある資産であるが，客観的には価値のない資産が報告されている。

(2) 予測手段としての財政状態表

投資者は，配当やその他の分配など投資者に対する将来キャッシュフローの予測に関心を持っている。比較損益計算書および比較キャッシュフロー計算書はこの目的に用いられている。貸借対照表も投資者の意思決定に役立つ情報を提供できる。これについて「財務会計概念報告書第5号」（SFAC 5）はつぎのように述べている。

　　　「財務諸表利用者が企業の流動性，財務弾力性，収益性およびリスクのような諸要因の事前評価を行おうとする場合，企業の財政状態に関する情報が最も重要な情報として利用される」（FASB 1984, SFAC 5, par.29）。

　FASBは財政状態表が流動性，財務弾力性，収益性などの事前予測に役立つことを期待している。これによれば，資産の評価額は，資産の価額と期待キャッシュフローとの関連性を見出すことができる場合に適合する。

72 第4章 資産の評価

3-2 債権者に役立つ評価

20世紀初期以前は，貸借対照表の主要な目的は債権者に財政状態を示すことであった。債権者は信頼できる情報をほとんど入手できないため，貸付金の担保に関する情報は，どんな情報でも頼りにしなければならなかった。清算価額が重視されたのはそのためである。しかし，会社の財務情報の開示が発展してきて，債権者にとって資産の評価概念として清算価額より実現可能額が重要になってきた。今日，会社の現在の債務は一般に資産の強制的売却からではなく，将来キャッシュフローから支払われている。しかしながら，会社の経営活動の継続性が明らかでない時は，資産を清算価額に近いもので測定することが適切である。

第3節　出口価額と入口価額

今日，商品の売買は市場で行われていて，商品の評価尺度として市場価額が用いられる。また，資産の取得あるいは売却は，投入市場および産出市場で行われるから，市場価額は投入価額と産出価額に分類される。産出価額は産出物の将来の予想キャッシュフローである。投入価額は資産を入手するための対価を表す。産出市場の価額を出口価額といい，投入市場の価額を入口価額という。

1. 出口価額

資産の出口価額は，資産を売却する取引相手から受取る現金またはその他の対価をいう。貨幣または貨幣請求権を表す資産（貨幣性資産）は，法的に決定されている価額すなわち表記価額で測定する。非貨幣性資産は将来の特定日における確実な交換価額があれば，その交換価額をいう。将来の交換価額が不確実であれば，現在価値に代わって当期産出価額を用いる。正常な売却市場があ

れば，すべての資産を実現可能額で示すことができる。正常な交換市場がなかったり，正常な市場以外の市場で売却しなければならない資産は，強制清算価額で測定する。以下では，これらの測定基準について説明し検討する。

(1) 割引将来収入

資産の売却から生じる期待将来収入の割引額を，割引将来収入または現在価値（現価）という。現在価値は割引プロセスに従って計算する。現価概念は3つの要素，すなわち①期待将来収入，②割引率および③割引期間の見積りが関係する。

つぎに，Belcaoui の設例を用いて，割引将来収入に基づいて資産価額を測定し，利益を計算するプロセスを説明する（Belcaoui 2004, p.485）。

N社の資産合計から生じる将来収入は図表4-1「将来収入による利益計算」に示すとおりである。経営者が，投資の有効期間を4年，将来収入を各期それぞれ＄7,000，＄8,500，＄10,000 および＄12,000，割引率を5％と仮定する。この時，第1年度期首の資産現価は＄32,887，期末現価は＄27,531 である。この方法によれば，第1年度の利益は＄1,644 である。この価額は第1年度の実質的な価値増加額で，期首資本＄32,887 の5％に等しい。この割引率は内部利益率で主観的割引率といわれる。Edwards・Bell は＄1,644 の利益を「主観的利益」（subjective profit）とよんでいる。割引率は内部利益率のほかに，1.歴史的割引率，2.現在割引率，3.平均期待割引率および4.加重平均資本コストなどがある。

財務会計概念報告書7号（SFAC 7）「会計測定におけるキャッシュフロー情報と現在価値の利用」および財務会計基準157号（SFAS 157）「公正価値測定」は，現在価値測定について説明し，割引収入概念には，つぎの3つの主要な測定問題が含まれることを指摘している。

①将来収入の期間ごとの予測は，経営者の判断による。これは検証不可能である。

74 第4章 資産の評価

図表4-1
将来収入による利益計算

(単位：$)

収入・割引率・現価＼期間	第1年	第2年	第3年	第4年
将来収入	7,000	8,500	10,000	12,000
割引率（5%）	0.9524	0.9071	0.8638	0.8227
期首現価	6,667	7,710	8,638	9,872
期首現価合計（第1年～第4年）	32,887			
将来収入		8,500	10,000	12,000
割引率（5%）		0.9524	0.9070	0.8638
期末現価		8,095	9,070	10,366
期末現価合計（第2年～第4年）	27,531			
期末収入（第1年）	7,000			
期末現価合計（第2年～第4年）	27,531			
合　　計	34,531			
期末現価合計＋期末収入	34,531			
期首現価合計（第1年～第4年）	32,887			
当期利益	1,644			

（Belcaoui の資料に基づいて筆者作成）

②将来収入の割引率は理論的には資産の内部利益率である。しかし，内部利益率を資産の購入時点で予測することは不可能である。したがって，内部利益率は概算的なものである。

③収益は多くの資源を結合して創出されるから，各資産の収益に対する貢献度が明らかでない。したがって，各資産の価額を計算できない。

　現在価値法は，すべての生産手段が一体化されているシングルベンチャーに適合する。また，主たる計算要因として問題になるのは待機期間だけであるよ

うな，貨幣性資産に適合する。回収可能性が確実で割引率が明らかであれば，割引額の計算は容易である。

　待機期間が長くなれば，その期間中にいろいろな事象が生じて，それだけ不確実性が大きくなり，割引収入概念を適用しづらくなる。他方，待機期間が短ければ，割引額は重要でないから，割引プロセスは，通常，無視できる。例えば，受取勘定500万円の現価は，割引率6％，支払期日30日後の時495.05万円で，割引額4.95万円は重要でないと判断して通常は無視し，受取勘定を500万円と評価しても，それほど過大表示にならないと考えられている。

（2）当期産出価額

　販売市場で当期に成立した製品の価額を当期産出価額という。当期の市場価額は，一般に手持商品（製品）の近い将来の販売価額と考えることができる。したがって，当期産出価額は特定の商品（製品）の割引キャッシュフローの近似値である。短期的に販売見込みがない棚卸資産の価額は，当期産出価額を適切な割引率で割引いて用いる。また，仕掛品に追加生産費や販売費が生じる時は，それらの費用を当期の製品の販売価額から差引いて計算する。短期的に売却可能な資産は実現可能性が高い資産ともいわれる。当期産出価額は，特定の製品，投資，使用しなくなった設備あるいは土地のような資産に適用できる。

（3）清　算　価　額

　清算価額は，会社が破産してすべての資産を強制的に売却する時の資産の評価額をいう。清算価額は，限られた期間内に顧客あるいは他の会社やディーラーに，原価を下回る価額で換金化することを想定している。したがって，清算価額を適用する時は，資産の評価額の引下げまたは強制的な売却により，損失が認識される。

（4）実現可能額（売却可能額）

　資産の実現可能額は，通常の売却市場における売却可能額をいう。資産を売却するためにはその資産の市場価額がなければならない。市場価額がない資産

76 第4章 資産の評価

は費用化する。実現可能性に基づく財政状態表は，資産がどのくらい現金に転換するか，すなわち，資源に対する適応可能性と支配力を示す。

実現可能額を資産の評価基準とする時，実現可能性の程度により資産はつぎの4種に分類する。

①実現した資産（現金及び預金）

②実現可能性の高い資産（十分な市場性と売却価格がある資産）

③実現可能性の低い資産（市場が限定的で，正常な取引では実現されない資産）

④実現不能な資産（市場性がなく，一定の売却価格がない資産）

資産を4種に分類すれば，財務諸表は営業活動により現金をどのように創出し，保有している資産からどのくらい現金を実現できるかについての情報を提供できる。売却価額はあるがこれを容易に決定できない資産は，実現可能性の低い資産に分類し，その状況を適切な計算書で報告する。実現可能性による資産の分類は，企業の現金収入の創出実績と潜在的創出能力を評価するために役立つ。特に，財政状態表が4種の実現可能性の異なる資産を示すことができれば，利用者は財政状態表から潜在的な現金収入の規模とそれらの不確実性を知ることができる。

しかしながら，実現可能額による資産の測定についていくつかの問題がある。その主なものはつぎのとおりである。

①会社が同一資産を保有していても，資産の実現可能性は経営環境の変化によって変動する。例えば，ある資産の売価がITの発展により明確になれば，それだけ実現可能性は高くなる。また，特定の資産の保有期間が長くなれば実現可能性はそれだけ低くなる。

②実現可能性が高いかどうかは，販売市場に依存する。特定の資産を一般の正常な市場でなく清算市場で販売すれば，売却価額は低くなるが売却可能性の程度は高くなることがある。

③資産の評価額は資産の集計（細分化）の仕方によって異なる。しかし，適切

な分類法については明確な解答はない。この場合，経営者が通常用いている方法を考えることができる（鎌田共訳 1989, p.157）。

2. 入 口 価 額

入口価額とは，購入市場で取引相手に支払う価額をいう。入口価額法によれば，取得した資産を歴史的（取得）原価で評価する。資産の取得後にその資産の市場価額が上がっても，その資産から生じる収益は実現するまで認識しない。この点，入口価額法は出口価額法より利用しやすい。入口価額はその資産の会社に対する価値を示す方法である。入口価額には，（1）歴史的原価の他（2）現在原価，（3）将来原価および④割引将来原価がある。

（1）歴 史 的 原 価

歴史的原価（取得原価，原価）は伝統的会計において一般的評価概念として用いられている。会社は資産を取引時の市場価額に基づいて測定する。その後，償却資産は取得原価から償却費を差引いた未償却原価で評価する。取得者が交換の対価として市場価額に相当する貨幣を提供した時は，資産をその貨幣額で評価する。非貨幣性資産を提供した時は，提供した資産の市場価額に相当する公正価額で評価する。

原価は特定の資産あるいは資産グループを取得するための市場価額を表すが，ひとつの価額だけでなくいくつかの価額の集計値で測定されることもある。例えば，機械を取得した時，機械の原価には機械が稼動するために必要な経済的資源がすべて含まれる。

原価はいろいろな内容を示す用語としても用いられている。例えば，製品原価の1部しか含まない用語として直接原価，製品原価の範囲を超えて販売費および一般管理費が含む原価として総原価がある。

原価は購買市場で合意された交換価額であるから，客観的で公正な価額である。しかし，買い手が公正な価額以上の額を支払って資産を得たとすれば，そ

の価額は公正な原価ではない。通常，資産の公正な原価はその価額より低い価額では入手できない価額を示す。歴史的原価は実際に市場で合意された価額に対する支出額であり，資本提供者，経営者，従業員などステークホルダーに対して理解可能な基礎を提供する。

　しかし，歴史的原価にはつぎの3つの大きな欠点がある。①償却方法，利用期間および残存価額は経営者の判断により決定される。②特定の資産に利得および損失が発生しても，それらを発生した期間に認識しない。さらに，③資産の市場価額は変動するから，異なる時期に取得した資産の原価合計額は利用者の意思決定のために実質的な意味を持たない。

(2) 取替原価

　過去に取得した資産を今日取得する時の市場価額を取替原価という。資産の取得時点では，資産の取替原価と歴史的原価は一致している。しかし，取得時点以後は，会社が同じ資産を取得時点の価格で取得できるとは限らない。

　取替原価はインフレーションが進行している時，会社が資本維持を図るための資産の評価法として考えられた。収益に取替原価による費用を対応して利益を測定すれば，会社は物的に資本を維持できると考えられている。

　歴史的原価とともに取替原価を用いれば，Edwards・Bell は当期利益を保有利益と営業利益に分離できるから，経営者の意思決定を評価するための情報を得ることができると述べている（Edwards and Bell 1961, p.73）。この2分法は，会社の長期的収益性を評価したり，当期利益のうち統制できない利益を分離することができる。したがって，会社は物的資本を維持しながら，株主に配当を支払えるかどうかを判断するための基準を提供する。

　しかしながら，一部の資産の取替原価は求めることはできるが，中古機械設備の取替原価などは一般的に市場がないため，直接求めることは容易ではない。この場合，会社は代替値を求めるための方法を検討しなければならない。

(3) 割引未来原価

未来原価（future cost）は商品を将来取得する時の支出額をいう。会社はファイナンス・リースによりリース資産を調達することがある。この資産の現在価額は使用時の市場価額すなわち未来原価の割引価額である。その用役が短期的に利用される時は，割引計算は省略される。割引期間が長期になる時，割引未来原価を計算すると割引未来原価は用役費消時における支払額より小さくなる。リース料を契約時に一括して支払えば，その価額は各期の支払額の合計より小さい。この差額は利息その他の原因から生じる。

割引未来原価概念は，必要な用役を必要な時購入する方法がある場合の資産評価に適合する。しかし割引未来原価概念は，いくつかの制約を伴う。例えば，将来の利用時における用役の取得原価を入手できても，契約後にそれらの用役を購入しなくなることがある。また，原価合計が取得時の資産価値に等しいとしても，この原価合計と他の同等の用役の割引将来原価との関係が変動することがある。したがって，割引未来原価は歴史的原価概念の欠点と原価割引の欠点を持つ。

要　　　約

貸借対照表における資産の価額は，資産が持つ多くの特質のうちのひとつを取り上げて測定したものである。構造論に基づく資産の測定値は，受託責任の報告には意味があるとしても，経済事象を忠実に表わしていない。例えば，償却資産の帳簿価額や持分法による株式の評価額などは，会計独特の方法による測定値であり，経済的意味を持たない。

これまで試みられた資産の評価は，構造論，経済的解釈あるいは行動論的な測定に分類することができる。構造論的にみる時は，収益・費用対応プロセスとしての資産の評価が考えられる。経済的解釈という意味では資本維持論が中

80 第4章 資産の評価

心になり，期首資本維持後の資産により利益を計算するから，資産は資本維持ができているかという点から評価しなければならない。行動論的視点から資産を評価する時は，投資者および債権者に役立つように資産を評価しなければならない。投資者および債権者の意思決定という観点からみると，出口価額により資産を測定することが適切である。

　出口価額には，①割引将来収入，②当期産出価額，③清算価額および実現可能額があるが，会計の目的からみて，このなかで実現可能額による資産評価が適切である。本書では，このような視点から会計の理論を展開している。

参 考 文 献

飯野利夫（1993），『財務会計論第三訂版』同文舘。

鎌田信夫（2011），「キャッシュフローによる費用の測定」『アカデミア』社会科学編　新偏第2号，南山大学.

企業会計基準委員会（2006）「金融商品に関する会計基準」，『企業会計基準第10号』。

APB（1970），"Basic Concepts and Accounting principles Underlying Financial　Statements of Business Enterprises", *APB Statement No. 4.*

AICPA（1953），"Restatement and Revision of Accounting Bulletins", *Accounting　Research Bullettin No. 43.*

AICPA（1953），"Review and Resume", *Accounting Terminology Bulletin No. 1.*

―――（1955），"Long Term Construction-Type Contracts," *Accounting Research　Bulletin No. 45.*

Belcaoui, A. R.（2007），*Accounting Theory*, 5th edition, Tomson.

Edwards, Edgar and Phillipe W. Bell（1961），*The Theory and Measurement of　Business Income*, Berkeley and Los Angeles University of California Press.

Chambers, Raymond J.（1966），*Accounting Evaluation and Economic Behavior*,　（Prentice-Hall）.

FASB (1984), "Recognition and Measurement in Financial Statements of Business Enterprises." *Statements of Financial Accounting Concepts No. 5.*

―――(1985), "Elements of Financial Statements," *Statements of Financial Accounting Concepts No. 6.*

―――(1993), "Accounting for the Certain investments in Debt and Equity Securities", *Financial Accounting Standards No. 115.*

―――(2000), "Using Cash Flow Information and Present Value in Accounting Measurements," *Statement of Financial Accounting Concepts No. 7.*

―――(2007), "Fair Value Measurements", *Financial Accounting Standards No. 157.*

Hendriksen, E. S. (1982), *Accounting Theory*, 4th ed., (Irwin).

Lee T. A. (1984), *Cash Flow Accounting.* (Van Nostramd Reinhold) 鎌田信夫・武田安弘・大雄令純共訳 (1989),『T. A. リー現金収支会計』, 創成社

第5章 キャッシュフロー会計

　キャッシュフロー会計は，実現したキャッシュフローに基づいてキャッシュフロー計算書を作成する。また純資産の変動に基づいて損益計算書を作成する。この2つの計算書によって，キャッシュフロー全体の業績を示す。また，実現した資産と実現可能（未実現）純資産および負債，資本を示す財政状態表を作成する。さらに，企業の財政状態の変動のすべてを示す報告書として財政状態変動表を作成する。これらの4つの計算書によってキャッシュフロー会計は，実現キャッシュフローと未実現のキャッシュフローを明らかにする。

　キャッシュフロー会計において「実現」はキャッシュフロー取引の結果を示し，また「実現可能性」または「未実現」はキャッシュフロー（現金化）の過程にあることを示す。この特性は資産および負債の科目に適用される。キャッシュフロー会計における資産と負債は実現可能性または支払期日に基づいて分類される。本章では，このような思考に基づいて，キャッシュフロー会計の理論を検討する。

第1節　資産および負債の分類

1. 実現可能性と資産の分類

　キャッシュフロー会計では，経営環境に適応する正常な過程で売却できる資産を実現可能性がある資産という。また，資産の売却市場における売却価額に基づいて測定した価額を実現可能額という。これによれば，資産の測定に経営

84 第5章 キャッシュフロー会計

者（作成者）の意図あるいは判断を排除できる。売却価額がない資産はすべて
費用化する。

　財務諸表の科目の評価に経営者の意図や判断を含めるべきではない。経営者
の意図や判断が含まれれば，会計測定の客観性と表現の忠実性が失われる。資
産を売却価額で評価することは，通常の売却市場で合意された価額を示すこと
で，強制的な清算市場の売却価額によるのではない。資産の売却価額は潜在的
キャッシュフローを示すもので期待現金収入ではなく，経済的資源の貨幣価値
の忠実な表現であり，他の資源に対する支配力を示すものである。

　キャッシュフロー会計においては，資産は実現可能性を基準にしてつぎのよ
うに分類する。

(1)　実現した資産（現金および預金）

(2)　実現可能性の高い資産（発達した市場と売却価額がある資産）

(3)　実現可能性の低い資産（市場と売却価額があるが，市場が限定的であるた
　　め，価額が不安定で容易に実現しない資産）

(4)　実現不能な資産（市場を持たず，一定の売却価額もない資産）このため，
　　これらの資産はゼロで評価する。あるいは財政状態表に表示しない。

図表5-1「資産の分類」はこれを表示したものである。

図表5-1
資産の分類

	(円)
実現した資産	×
実現可能性の高い資産	×
実現可能性の低い資産	×
実現不可能な資産	×

　利用者はこの資産の分類に基づいて，会社が保有している資産から現金がど
のくらい創出されたか，また創出できるかについて必要な情報を得ることがで

きる。実現可能性の低い資産で，資産の売却価額を市場で決定できない時は，その事実を財務諸表に注記する。この資産の分類と評価は利用者が企業のキャッシュフロー実績と潜在性を評価するために役立つ。

2．支払義務と負債の分類

　負債の測定には支払義務という尺度が用いられる。法的債務は支払期日が確定しているから，支払日が近い順に配列する。負債性引当金および偶発債務のような債務となる可能性のある債務は，外部利用者が判断できるようにその時期および価額を開示しなければならない。このような支払義務による分類は，報告実体の負債の支払期日と未払額を示すから，支払能力の評価という目的に適合している。

第2節　主要財務諸表

　一定期間に生じたキャッシュフローと未実現キャッシュフローを，負債と資本に関連付けることによって，独自の目的を持つ4つの主要な財務諸表を作成する。

1．キャッシュフロー計算書

　キャッシュフロー計算書は，一定期間に生じたキャッシュフロー（現金収入と現金支出）を報告する。「現金収入」には，営業活動によるキャッシュフロー（顧客から受取った現金収入から，仕入先，従業員，その他企業の商品売買活動に用いられた現金支出を差し引いた価額），および新たな短期・長期の借入収入がある。「現金支出」は，資本的支出，税金支出，配当支出，借入金返済支出などである。キャッシュフロー計算書の形式はいろいろあるが，図表5-2に示すのは最も理解しやすい。

86 第5章 キャッシュフロー会計

図表5-2

キャッシュフロー計算書

(円)

現金収入	
営業活動による正味キャッシュフロー	×
新規借入金	×
	×
現金支出	
資本的支出	×
税金支出	×
配当支出	×
借入金返済	×
	×

上記の形式は簡略化したものであり，必要に応じてつぎの事項について注記する。

(1) 各項目の構成要素に関する明細。

(2) 特定項目の総額。

(3) 分類の変更。支出として分類される項目を収入側に，または収入として分類されるものを支出側に示すことがある。例えば，「営業活動によるキャッシュフロー」がマイナスの時，その額を「現金支出」に示し，また「資本的支出」は，固定資産の売却収入が資本的支出を超える時，「現金収入」に表示することがある。

(4) 数期間の資料。トレンド分析のため，数期間のキャッシュフローの時系列資料を示す。

キャッシュフロー計算書は，企業実体の財務管理の最終的結果を報告する計算書である。この計算書は経営者が必要なキャッシュをどこから調達し，それをどこに支出したかを示す。特に，「現金収入」の区分は，営業活動によるキャッシュフローと新規借入との関係，すなわち内部源泉と外部源泉がそれぞ

第 2 節　主要財務諸表　*87*

れどれほど実現キャッシュに貢献しているかを示す。また，「現金支出」の区分は利用可能なキャッシュがどのように支出されたかを示す。特に，資本的支出（固定資産への支出）と直接的見返りのない税金支出および配当支出を明瞭に表示する。こうして，キャッシュフロー計算書は，利用者が正味キャッシュフローに関する業績を識別し，特に，インプット（内部資金源泉と外部資金源泉）とアウトプット（投資および配当）の相対的変動の事実を明らかにする。なお，Lee は，キャッシュフロー計算書を「実現」キャッシュフロー計算書とよんでいる（鎌田共訳 1989, p.69）。

2. 実現可能損益計算書

　キャッシュフロー計算書は，当期に実現したキャッシュフローを示し，未実現のキャッシュフローは除外する。当期純資産が現金以外の資産であれば，それらはキャッシュフロー計算書には含まれない。実現可能損益計算書は当期の純資産の増加として，実現したキャッシュフローだけでなく未実現のキャッシュフローも含めて報告する。これによって，キャッシュフロー計算書と財政状態変動表の差異を補完する。この 2 種類の財務表の科目から期間利益を求める。この未実現キャッシュフローは，新たな出資あるいは借入れによる資産以外の，現金および他の資産の売却価額の変動から営業負債の期間的変動を差引いた純資産の変動額を示す。こうして，当期純利益は 1 会計期間における企業実体の実現した利益と潜在的キャッシュフローの合計であることを表す。

　これらの資産は実現可能性，負債は支払期日の長短に基づいて配列する。図表 5-3 実現可能損益計算書は，実現利益と未実現利益を実現可能性の程度に従って配列したものである。

88   第5章　キャッシュフロー会計

図表5−3

実現可能損益計算書

		(円)
実現利益		
営業活動による正味キャッシュフロー		×
未実現利益		
未実現正味キャッシュフロー		
実現可能性の高い純資産	×	
実現可能性の低い純資産	×	×
実現可能利益の合計		×
税金充当額		×
配当前利益		×
配当充当額		×
当期留保利益		×
期首留保利益		×
期末留保利益		×

　図表5−3実現可能損益計算書は，実現資産と未実現資産に分けて，純資産の変動額を表示して，期間利益を計算している。実現可能損益計算書の期末留保利益は財政状態表で示される留保利益と連携している。その他，表示上注意すべき点はつぎのとおりである。

（1）　実現可能損益計算書の科目は，実現キャッシュフロー計算書の科目と同様に配列し，科目の連携に関する情報を提供する。また，多期間の資料を比較できるように表示する。多期間の比較表示により，実現キャッシュフローと未実現キャッシュフローの利益に対する割合がどの程度か，また実現可能資産がどれほど実現したかに関する情報を示す。これは流動性の変動を理解するため極めて重要である。例えば，利益が配当への資金供給の源泉となるためには，稼得した資産がキャッシュへ転換しなければならない。

(2) 実現可能損益計算書の科目の明細を注記する。例えば，営業活動によるキャッシュフローの明細がある。

(3) 長期間にわたり物価水準が変動する時，資本維持のため期首資本を修正する。キャッシュフロー会計において，資本維持修正は実現可能資産が実現可能額で評価されているから容易に行うことができる。利益を修正するための基礎は期首資本（留保利益，再評価積立金を含む）で，これを一般物価指数の変動を適用して修正する（Chambers, 1973, 塩原一郎訳, 1977, pp.317-338）。物価指数で修正した資本と修正前の資本との差額は期首資本の購買力低下（または上昇）による価額である。この価額は，インフレーション時は利益から資本維持積立金へ振替えられ，また，逆にデフレーションの特は資本維持積立金から利益へ振替えられる。

3. 財政状態表

図表 5 − 4 財政状態表は会計期末の企業の財政状態についての報告書である。キャッシュフロー会計は，政状態表（貸借対照表）によって財務諸表構造の連携関係を確認する。財政状態表は現在の売却価額で純資産と資産の実現可能性を示す。また，財政状態表は，実現キャッシュフロー計算書と実現可能損益計算書の結果を現金および利益として示し，資産および負債を資産の実現可能性と負債の支払義務の原則に従って配列して，翌会計期間以後に生じるキャッシュフローの状況を明らかにする。財政状態表の構造はつぎに示すとおりである（鎌田共訳, 1989, pp.73-74）。

90　第5章　キャッシュフロー会計

図表5-4
財政状態表

		（円）
実現した資産		×
実現可能性の高い資産	×	
短期負債	×	×
実現可能性の低い資産		×
実現不能な資産		×
資産合計		×
長期負債		×
純資産合計		×
出資者資本		×
留保利益		×
出資者持分		×

　財政状態表は純資産を実現可能性の順に売却価額（正常営業過程における通常の売却価額）で開示する。財政状態表は資産のうちどれほどが実現し，どれほどが実現可能性が高く，あるいは実現するのが困難または不可能であるかを明らかにする。これはまた他方で，企業の財務弾力性の程度，特に負債返済能力を明らかにする。他の財務諸表と同様，利用者の利用目的に適合する時は，各科目の明細を注記や説明によって補足する。純資産の構成と資産構成の長期的変動を示すためには，多期間的トレンドを表示する。この時，実現キャッシュフロー計算書および実現可能損益計算書と連携するように考慮する。

4. 財政状態変動表

　キャッシュフロー計算書はキャッシュフローの変動を開示するが，利益の変動を示さない。また，実現可能損益計算書は収益および費用の変動を示すが，キャッシュフローの変動は含まない。これを補完するのが財政状態変動表である。財政状態変動表は，前期および次期の財政状態表をひとつの計算書に結合

第3節　キャッシュフロー会計システムの例証　*91*

する。それは同時にキャッシュフロー計算書と実現可能損益計算書を結合させることになる。図表5-5財政状態変動表はこれを表示したものである。

図表5-5
財政状態変動表　　　　　　　　　　　　（円）

実現現金収入		
実現した資産の増加		×
実現可能性の高い収入		
実可能性の高い資産の増加	×	
短期負債の増加	×	×
実現可能性の低い収入		
実現可能性の低い資産の増加	×	×
		×
長期の現金支出		
長期負債の増加		×
無限定の現金支出		
当期留保利益		×
		×

　財政状態変動表は他の財務諸表と同様に，資産の実現可能性と負債の支払可能性の原則に基づいて作成する。財政状態変動表も流動性および収益性の変動を明らかにするため，多期間の資料を用いて分析する。

第3節　キャッシュフロー会計システムの例証

　第1節および2節で述べた原理に基づいて，本節ではM社（仮設）のキャッシュフロー会計による財務諸表を作成してみる。M社の財務諸表を作成するための資料は，つぎに示してある。

（1）M社の第 x1 期末の財政状態表（貸借対照表）

92　第5章　キャッシュフロー会計

　M社の財政状態表は伝統的な形式で表示しているが，資産は売却価額で評価している。

図表5−6

M 社財政状態表　第 x1 期末

（単位：百万円）

資　　産			負債・資本		
流動資産			流動負債		
現 金 預 金	134		買 掛 金・未 払 金	104	
売 　掛 　金	345		未 　払 　税 　金	81	
製 　　　品	79		短 期 借 入 金	181	366
仕 　掛 　品	176	734	固定負債		
固定資産			長 期 借 入 金	48	48
機 械 設 備	58		資　　本		
土 地 建 物	30	88	資 　本 　金	81	
			留 保 利 益	327	408
資産合計		822	負債・資本合計		822

（2）期　中　取　引

　当期中に，つぎの取引が行われた（金額の単位は百万円）。

①掛売上高は1,265，材料の掛仕入高（買掛金）は838である。

②仕掛品の製品振替高は849，製品売上原価は843である。

③売掛金1,210を回収し，買掛金・未払金867を仕入先等債権者に支払った。
　その他，営業費220，利息19，税金19を支払った。

④機械設備17を購入し，全額現金で支払った。

⑤銀行から期間1年，現金65を借入れ，また銀行に長期借入金2を返済した。

⑥当期の税金充当金は33である。期末に配当21は全額支払った。

⑦新株式5を発行し，全額現金の払込みがあった。また自己株式14を取得し
　現金で支払った。

第3節　キャッシュフロー会計システムの例証　*93*

(3) 期　末　評　価

決算日における資産の実現可能価額は，下に示すとおりである。

(単位：百万円)

売掛金	385	機械設備	69
製　品	95	土地建物	28
仕掛品	170		

この x2 期のデータに基づいて，つぎの 4 種の財務諸表を作成する。

章末の図表 5-12「M 社会計マトリックス」はこのために利用したワークシートである。

1. キャッシュフロー計算書

前述したように，キャッシュフロー計算書は，1 会計期間に生じた現金収入と現金支出を示す。これを作成するための資料は，図表 5-12，M 社第 2 期「会計マトリックス」（売却価格基準）の現金預金欄から求める。

図表 5-7 M 社キャッシュフロー計算書によれば，M 社は x2 期において「現金収入」合計 172 百万円の大部分は，営業活動による正味キャッシュフロー 104 百万円で調達し，その他短期借入金で 65 百万円を調達している。また，「現金支出」合計に占める税金支出および配当支出の割合は 56％（40/71）である。当期の現金増加額は 101 百万円で，期末現金預金は大幅に増加した。

2. 実現可能損益計算書

実現可能損益計算書は，期末資産を売却価格に基づいて評価し，営業利益に評価差額を加算して当期利益を示す。また，これは実現キャッシュフローと末実現キャッシュフローで示される。そのためには，2 つの方法を用いることが

94　第5章　キャッシュフロー会計

図表5-7

M社　キャッシュフロー計算書　x2期　(単位：百万円)

現金収入		
売上収入		1,210
仕入等支出	－ 867	
営業費支出	－ 220	
利息支出	－ 19	1,106
営業活動による正味キャッシュフロー		104
短期借入金収入	65	
長期借入金返済	－ 2	
株式発行収入	5	68
現金収入合計		172
現金支出		
機械設備支出	－ 17	
税金支出	－ 19	
配当支出	－ 21	
自己株式取得支出	－ 14	－ 71
当期現金預金増加高		101
期首現金預金		134
期末現金預金		235

(筆者作成)

できる。ひとつはその情報を「会計マトリックス」の「留保利益」欄から求める。

　図表5-8実現可能損益計算書(1)は，収益・費用の対応により実現可能利益に関する情報を提供している。しかし，①売上高はキャッシュフロー情報を提供しない。②売上原価は歴史的原価で測定されていて現在価値を示さない。③営業利益は経営者が選択した原価配分に依存している。④製品と仕掛品の評価法は明らかでない。

図表5−8

M社　実現可能損益計算書(1) x2期 （単位：百万円）

売上高		1,265
売上原価		843
売上総利益		422
営業費		220
支払利息		19
営業利益		183
売却価額修正		
売掛金	− 15	
製品	10	
機械設備	− 6	
土地建物	− 2	
仕掛品	5	− 8
税引前実現可能利益		175
税金充当額		33
当期純利益		142
配当充当額		21
当期留保利益		121
期首留保利益		327
期末留保利益		448

（筆者作成）

　もうひとつは収益・費用の対応によるのではなく，資産・負債の増減（資産・負債法）に基づいて作成する。

　図表5−9実現可能損益計算書(2)は「資産・負債法」に基づいて作成した損益計算書である。必要な資料はM社第2期「会計マトリックス」の正味増減から求める。ここで，営業活動によるキャッシュフロー104百万円は，営業収入から仕入等支出，営業支出および利息支出を差し引いて計算する（図表5−7参照）。未実現利益71百万円は，当期の営業活動により増加した資産の売却価額から，当期の営業負債の変動額を差し引いた価額である。これらの変動

96 第5章 キャッシュフロー会計

図表5-9

M社 実現可能損益計算書(2) x2期 (単位：百万円)

実現利益			
営業活動による正味キャッシュフロー			104
未実現利益			
実現可能性の高い純資産			
売　　掛　　金	40		
製　　　　　品	16		
買掛金・未払金	29		
土　地　建　物	-2	83	
実現可能性の低い純資産			
仕　　掛　　品	-6		
機　械　設　備	-6	-12	71
税引前実現可能利益			175
税　金　充　当　額			33
当期純利益			142
配　当　充　当　額			21
当期留保利益			121
期首留保利益			327
期末繰越留保利益			448

(筆者作成)

額は当期の活動から生じた資産および負債の未実現の現金収支を表す。このように，経営活動に関する収益性の尺度も資産の実現可能性と未払債務に基づいているから，実現可能損益計算書(2) とその他の計算書との連携性は明らかである。この例では，当期の税引前実現可能利益175百万円は，実現現金104百万円に，実現可能性の高い資産83百万円と実現可能性の低い資産-12百万円の差額71百万円を加えた価額である。

第3節　キャッシュフロー会計システムの例証　*97*

図表 5-10

M 社　比較財政状態表　x2 期

（単位：百万円）

	x2 期首	x2 期末		x2 期首	x2 期末
現金資産			短期借入金		
現　金　預　金	134	235	買掛金・未払金	104	75
実現可能性の高い資産			未　払　税　金	81	95
売　　掛　　金	345	385	短　期　借　入　金	181	246
製　　　　品	79	95	小　　　　計	366	416
土　地　建　物	30	28	長期負債		
小　　　　計	454	508	長　期　借　入　金	48	46
実現可能性の低い資産			資　　本		
仕　　掛　　品	176	170	資　　本　　金	81	72
機　械　設　備	58	69	留　保　利　益	327	448
小　　　　計	234	239	小　　　　計	408	520
合　　　　計	822	982	合　　　　計	822	982

（筆者作成）

3. 財 政 状 態 表

　M 社の x2 期首および期末の財政状態表は，図表 5-10 に示すとおりである。資料は図表 5-12，M 社 x2 期「会計マトリックス」の最初と最後の行に示されている。

　キャッシュフロー会計システムにおいて，財政状態表は財務諸表構造の連携を明らかにするという重要な役割を果たしている。この財政状態表によると，x2 期末において M 社は資産合計 982 百万円のうち現金は 235 百万円である。また実現可能性の高い資産は 508 百万円で，実現可能性の低い資産は 239 百万円である。短期負債は 416 百万円で長期負債は 46 百万円である。純資産は 520 百万円で，はじめにこれを未実現可能性の低い資産に 239 百万円充当してもなお 281 百万円の余剰があり，それらは実現現金および実現可能性の高い資産に充当できる。M 社は x2 期末に実現資産（現金）および実現可能性の高い資産は短期負債および，長期負債を十分カバーしていて，これは 160.8 ％

98 第5章 キャッシュフロー会計

図表5-11

M社 財政状態変動表 x2期

(単位：百万円)

実現現金収入				
現金預金の増加	101			
未実現現金収入		短期負債		
実現可能性の高い資産		営業負債		
売　掛　金	40		買掛金・未払金	− 29
製　　　品	16		未　払　税　金	14
土 地 建 物	− 2		短 期 借 入 金	65
小　　計	54	小　計		50
実現可能性の低い資産		長期負債		
仕　掛　品	− 6		長 期 借 入 金	− 2
機 械 設 備	11	負債合計		48
小　　　計	5	純資産		
			自 己 株 式	− 9
		留保利益		121
合　　　計	160	合　　　計		160

(筆者作成)

(743/462) に達している。

4. 財政状態変動表

　M社の期中の資産，負債および資本のうち，現金の期中変動はキャッシュフロー計算書に，また損益活動に関連する純資産の期中変動は，実現可能損益計算書で示される。これに対し，財政状態変動表は，実現キャッシュフローおよび未実現キャッシュフローのすべての正味変動を示す計算書である。M社のx2期の財政状態変動表は図表5-11に示すとおりである。

　図表5-11の科目とその変動の状況は図表5-12の「正味増減」に示されている。財政状態変動表はキャッシュに基づく総合的な変動計算書である。この財政状態変動表は，x2期に内部から生み出された資金（留保利益）は121百万

円で，これから長期借入金の返済2百万円と自己株式の取得9百万円を差し引くと，長期資金は110百万円が供給されたことを示している。この110百万円のうち，101百万円は現金預金の増加となり，残りの9百万円のうち5百万円は実現可能性の低い資産であれば4百万円は実現可能性の高い資産であることを示している。

　これまで，キャッシュフロー会計における4つの財務諸表について概観した。これから明らかなように，キャッシュフロー会計は実際の現金および未実現現金（売却価額）が連携しているシステムである。このシステムはキャッシュフローを経営活動の中心において，キャッシュフローが生じる過程を明らかにする。基本的には，非現金資産の現金資産への転換に重点をおいているから，外部源泉からの新たなキャッシュフローと非現金資産の転換によるキャッシュフローとは区別する。こうした転換を事前に示すために，資産の測定基準として売却価額が用いられる。

要　　　約

　本章はキャッシュフロー会計の特徴をLeeの学説を中心に述べた。これを要約すると以下のとおりである。

1.　キャッシュフロー会計において，キャッシュフロー計算書は主要財務諸表の中心的役割を持ち，1会計期間おける企業の非現金資産の転換の完結を示す計算書である。

2.　現金収入の主たる科目を営業キャッシュフローと短期・長期借入金収入および株式発行収入に分類する。このなかで営業収入を内部活動による現金源泉として重視している。

3.　実現可能性という概念を用いて，資産を実現可能性が高い資産と低い資産に分類する。実現可能性は市場によって決定される。これによりキャッシュ

100　第5章　キャッシュフロー会計

フロー会計は費用配分会計から脱却しようとする。配分会計に伴う経営者の主観的判断を排除しようとする課題はキャッシュフロー会計によりようやく解決の糸口が開かれた。

4.　実現可能損益計算書（2）は，期間利益を純資産の変動によって計算する。

図表5－12
M社　会計マトリックス（売却価額基準）x2期

(単位：百万円)

現金預金	売掛金	製品	仕掛品	機械設備	土地建物	買掛金・未払金	未払税金	短期借入金	長期借入金	資本金	留保利益	資産・負債資本／取引等
134	345	79	176	58	30	(104)	(81)	(181)	(48)	(81)	(327)	x 2 期 首
	1,265										(1,265)	売 上 高
1,210	(1,210)											売掛金回収
		(843)									843	売 上 原 価
		849	(849)									製 品 原 価
			838			(838)						掛仕入高，未払金等
(867)						867						買掛金，未払金等支出
(220)											220	営 業 費
(19)											19	支 払 利 息
(17)				17								機械設備支出
							(33)				33	税金充当額
(19)							19					税 金 支 出
(21)											21	配 当 支 出
65								(65)				短期借入金
(2)									2			長期借入金
5										(5)		株式の発行
(14)										14		自己株取得支出
101	55	6	(11)	17	0	29	(14)	(65)	2	9	(129)	期 中 増 減
	(15)	10	5	(6)	(2)						8	売 価 修 正
101	40	16	(6)	11	(2)	29	(14)	(65)	2	9	(121)	正 味 増 減
235	385	95	170	69	28	(75)	(95)	(246)	(46)	(72)	(448)	x 2 期 末

(筆者作成)

利益は実現正味キャッシュフローと未実現キャッシュフローに分類して測定する。すなわち，利益を収益・費用対応により計算するのではなく，実際の現金と潜在的な現金の変動によって計算する。その意味で，実現可能損益計算書（2）は，収益性と流動性の連携を示す情報を提供する。

5. 財政状態変動表は，キャッシュフロー計算書と実現可能損益計算書とを補完する，1期間の財政状態の変動のすべてを概観する計算書である。しかし，財政状態変動表は期首および期末の財政状態から作成できるから2次的な計算書であり，他の計算書と同等な意味を持たない。

6. 企業の活動を営業活動と財務活動に分類している。これは有用であるが，財務活動の定義は明確でない。例えば，配当支出は財務支出に分類しているが，利息支出は営業収支に含めることもある。

参 考 文 献

Lee, T. A. (1984) *Cash Flow Accounting*, (Van Nost and Reinhold).
　　鎌田信夫・大雄令純・武田安弘共訳（1989）『T. A. リー現金収支会計』
　　創成社。

R. J. Chambers (1973), *Securities and Obsecurities : a case for reform of the law of campany accounts*, (Cheshire Publishing).
　　塩原一郎訳（1977），『R. J. チェンバース　現代会社会計論』，創成社。

第6章　実現キャッシュフローによる流動性分析

　企業の流動性は，一般に，貸借対照表の資産と負債の科目あるいは貸借対照表の科目と損益計算書の科目の比率，例えば流動比率や売掛金回転率などを用いて測定される。これに対して，キャッシュフロー会計では，企業の流動性をキャッシュフロー計算書の科目と他の財務諸表科目を用いて分析する。企業の流動性は支払能力と関連しているから，企業は流動性を適切に保持できなければ，変動が激しい経営環境のなかで生き残ることはできない。

　営業活動によるキャッシュは会社のキャッシュの主要な源泉である。営業活動によるキャッシュで設備投資を行い，税金や配当を支払い，借入金を返済しなければならない。もし営業活動によるキャッシュでこれらの支出を賄えない時は，外部資金を調達しなければならない。利益はあがっていても営業活動によるキャッシュが十分でない状態が続けば，会社は支払不能に陥る。したがって，会社の業績は利益だけでなく，利益とキャッシュフローで判断しなければならない。

　本章では，実現キャッシュフローによる流動性分析を例示する。そのために，仮設の NK 社の x1 年から x6 年まで 6 年間の比較損益計算書と比較貸借対照表を「資料」として用いる。キャッシュフロー計算書はこれらの資料から作成する（鎌田 2004, P.51）。

104　第6章　実現キャッシュフローによる流動性分析

「資料」

NK社　損益計算書

（単位：百万円）

科目 ＼ 年度	x0年	x1年	x2年	x3年	x4年	x5年	x6年
売　上　高		1,220	1,265	1,384	1,655	1,861	2,973
売　上　原　価 (1)		818	843	931	1,125	1,277	2,178
売　上　総　利　益		402	422	453	530	584	795
その他の営業費		298	320	363	434	504	615
支　払　利　息		15	19	16	21	51	56
償　却　前　利　益		89	83	74	75	29	124
減　価　償　却　費		6	7	9	10	11	15
償　却　後　利　益		83	76	65	65	18	109
税　金　充　当　額		38	33	27	26	6	25
税　引　後　利　益		45	43	38	39	12	84
配　当　充　当　額		20	21	21	21	22	25
留　保　利　益		25	22	17	18	− 10	59

NK社　貸借対照表

（単位：百万円）

科目 ＼ 年度	x0年	x1年	x2年	x3年	x4年	x5年	x6年
資　産							
現　　　金	26	34	35	50	30	46	115
売　掛　金	310	365	420	477	545	599	570
製　品 (3)	50	66	72	67	17	24	57
仕　掛　品 (3)	150	161	150	119	352	396	280
機　械　設　備	50	64	81	118	148	181	205
土　地 (2)	25	25	25	35	35	35	45
合　　計	611	715	783	866	1,127	1,281	1,272
負債・資本							
買掛金・未払金	91	104	75	7	77	66	98
未　払　税　金	66	81	95	113	130	133	120
減価償却累計額	39	45	52	61	71	82	97
短　期　借　入　金	117	181	246	238	391	453	350
長　期　借　入　金	50	48	46	143	143	239	210
資　　本　　金	98	81	72	80	73	76	96
再評価積立金 (2)	10	10	10	20	20	20	30
留　保　利　益	140	165	187	204	222	212	271
合　　計	611	715	783	866	1,127	1,281	1,272

(1) 当期仕入高，仕掛品，売上原価，製品有高とは連携している。　　　　　　（筆者作成）
(2) 土地評価益は，期首および期末の市場価格の値上がりによるもので，再評価積立金に直接貸記している。
(3) 取得原価で評価している。

第1節 営業キャッシュフローの表示法

図表6-1「損益計算書およびキャッシュフロー計算書（1）」はNK社のx1年の損益計算書とキャッシュフロー計算書（1）とを比較して表示したものである。キャッシュフロー計算書は「資料」に基づいて作成した。

図表6-1
NK社　損益計算書およびキャッシュフロー計算書(1)　x1年
（単位：百万円）

損益計算書		キャッシュフロー計算書 (1)		
売　　上　　高	1,220	売　上　収　入		1,165
売　上　原　価	818	仕　入　支　出		832
売 上 総 利 益	402	売 上 収 支 差 額		333
その他の営業費	298	その他の営業費支出		298
	104			35
支　払　利　息	15	利　息　支　出		15
減価償却前利益	89	営業活動による現金		20
減 価 償 却 費	6	機 械 設 備 支 出		14
税 引 前 利 益	83			6
税 金 充 当 額	38	新　株　発　行	5	
	45	自己株式取得支出	22	17
配 当 充 当 額	20			- 11
留 保 利 益	25	借入金収入（正味）		62
		税　金　支　出		23
		配　当　支　出		20
		現 金 の 増 加		8

（筆者作成）

図表6-1損益計算書によれば，減価償却前利益は89百万円である。これに対して，キャッシュフロー計算書によれば，営業活動による現金は20百万円である。当期の収支を均衡させるため，借入金62百万円を調達している。そ

こで以下では，借入金収入 62 百万円に注目して，キャッシュフローについて検討してみる。

図表 6-1 のキャッシュフロー科目は，収益・費用の科目と同様の順に配列されていて，資本的支出 14 百万円を差引いた後，営業活動によるキャッシュは 6 百万円しか残らない。そのため，借入金で現金 62 百万円を調達し，これで税金 23 百万円と配当金 20 百万円を支払ったようにみえる。また，自己株式 22 百万円の取得により自己資本が減少したため，借入金 62 百万円が増加したようにも思われる。また，経営上の必要性から自己株式を 22 百万円取得すると同時に，新たに株式 5 百万円発行して 17 百万円の支出に充当したようにみえる。このような財務取引を経て，税金 23 百万円と配当金 20 百万円を支払っている。しかし，これらの推測は，借入の時期，目的およびその使用に関する情報がなければ正しいということはできない。

図表 6-2「キャッシュフロー計算書（2）」は，図表 6-1 のキャッシュフローの科目を現金収入と現金支出に分けて表示したものである。これは現金収入と現金支出とを対応しない残高式計算書といわれる（鎌田共訳 1964, P.89）。

図表 6-2「キャッシュフロー計算書（2）」では，キャッシュの「プール」82 百万円に重点がおかれてる。「現金収入」は内部から得られた現金（営業活動によるキャッシュフロー）20 百万円と外部から調達した借入金収入（正味）62 百万円である。この現金収入は，機械設備支出 14 百万円，自己株式の取得（正味）17 百万円および外部への分配 43 百万円（税金 23 百万円および配当 20 百万円）のために支出された。このように，現金収入科目をひとつの「プール」にまとめれば，特定の支出のための特定の調達というように，誤って推測されることはない。いいかえれば，この「プール」はキャッシュフローの対応表示を排除して，すべての収入と支出をそれぞれひとつの集合として表示している。

第2節　営業キャッシュフローの解釈　*107*

```
┌─────────────────────────────────┐
│            図表6-2               │
│      キャッシュフロー計算書（2）           │
│                    （単位：百万円）    │
├─────────────────────────────────┤
│   現　金　収　入                      │
│     営業活動によるキャッシュフロー      20    │
│     借入金収入（正味）            62    │
│         収　入　合　計           82    │
│   現　金　支　出                      │
│     機械設備支出               14    │
│     自己株式取得支出（正味）        17    │
│     税金支出                 23    │
│     配当支出                 20    │
│     現金の増加                 8    │
│         支　出　合　計           82    │
└─────────────────────────────────┘
```

（筆者作成）

第2節　営業キャッシュフローの解釈

　図表6-2の「現金収入」は，現金が1会計期間に営業活動によるキャッシュフローと新規借入からどれほど調達されたかを示している。ここでは，営業活動によるキャッシュフローは20百万円で，新規借入は62百万円である。新規借入は短期借入金収入64百万円から長期借入金の返済2百万円を差し引いている。短期および長期の借入金収支が重要な場合は，短期と長期の金額を分けて示す。この「現金収入」は，営業活動によるキャッシュフローと借入金収入との関係を強調している。

　営業キャッシュフローの価額を示す方法には，直接法と間接法という2つの方法がある（鎌田 2004, pp.51-52, 56-57）。直接法は主要な営業取引ごとに収入および支出の総額を示す方法である。図表6-3「比較キャッシュフロー計算書（直接法）」は，「資料」に基づいて6年間の「比較キャッシュフロー計算書

108 第6章 実現キャッシュフローによる流動性分析

図表6-3

NK社 比較キャッシュフロー計算書（直接法）

（単位：百万円）

科目＼年度	x1年	x2年	x3年	x4年	x5年	x6年	合計
売 上 収 入	1,165	1,210	1,327	1,587	1,807	3,002	10,098
仕 入 支 出	− 832	− 867	− 963	− 1,238	− 1,339	− 2,063	− 7,302
その他 の支出	− 298	− 320	− 363	− 434	− 504	− 615	− 2,534
利 息 支 出	− 15	− 19	− 16	− 21	− 51	− 56	− 178
営業活動による正味キャッシュフロー	20	4	− 15	− 106	− 87	268	84

（筆者作成）

（直接法）」を示したものである。

　間接法は償却前利益を売上債権，棚卸資産，仕入債務，その他営業活動により生じた資産・負債を加減して計算する。図表6-4「比較キャッシュフロー計算書（間接法）」を示したものである

図表6-4

NK社 比較キャッシュフロー計算書（間接法）

（単位：百万円）

科目＼年度	x1年	x2年	x3年	x4年	x5年	x6年	合計
減価償却前利益	89	83	74	75	29	124	474
棚卸資産の増加	27	− 5	− 36	183	51	− 83	137
売掛金 の増加	55	55	57	68	54	− 29	260
買掛金 の増加	− 13	29	68	− 70	11	− 32	− 7
営業活動によるキャッシュフロー	20	4	− 15	− 106	− 87	268	84

（筆者作成）

　直接法と間接法の結果は一致するが，両者の測定方法は全く異なる。直接法は営業活動から生じた現金と外部から調達した現金は同一の尺度で示す。これに対し，間接法は当期純利益に準拠していて利益は発生基準と原価配分を経て計算されるから，各科目は同一の尺度で測定されていない。直接法による時，営業活動によるキャッシュフローの測定値は，すべてその期に生じた収支に基

づいている。例えば，営業活動によるキャッシュフロー 20 百万円は，当期の得意先からの収入 1,165 百万円から，仕入先，従業員およびその他のサービス提供者への支出 1,145 百万円を差引いている。

　営業活動によるキャッシュフローにその他の現金収入および現金支出を加えたものがキャッシュフロー計算書であり，これを数期間比較したものが図表6－5「比較キャッシュフロー計算書」である。

図表6－5
NK 社　比較キャッシュフロー計算書

(単位：百万円)

科目＼年度	x1 年	x2 年	x3 年	x4 年	x5 年	x6 年	合計
現 金 収 入							
営業活動による キャッシュフロー	20	4	－ 15	－ 106	－ 87	268	84
借 入 金 収 入	62	63	89	153	158	－ 132	393
収 入 合 計	82	67	74	47	71	136	477
現 金 支 出							
機 械 設 備 支 出	14	17	37	30	33	24	155
税 金 支 出	23	19	9	9	3	38	101
配 当 支 出	20	21	21	21	22	25	130
資 本 金 の 減 少	17	9	－ 8	7	－ 3	－ 20	2
支 出 合 計	74	66	59	67	55	67	388
現金の増加（減少）	8	1	15	－ 20	16	69	89

(筆者作成)

　上記の営業活動によるキャッシュフローと借入金の増減額とを比較することにより，会社の財務政策を検討することができる。例えば，NK 社は5年間にわたって営業活動によるキャッシュフロー（利息後）が少なく，新規借入が多くなっている。借入れの増加により利息支払いが増加し，そのため将来の営業活動によるキャッシュフロー（利息後）が減少している。これはキャッシュフロー減少の悪循環が生じることを示唆している。

　「現金支出」は，営業活動に必要な機械設備の取得，税金の支払い，出資者

110 第6章 実現キャッシュフローによる流動性分析

に対する配当支払い，また，借入金の返済および現金の増減を示す。借入金利息の負担が大きい場合は，利息控除前の営業活動によるキャッシュフローを示し，借入金利息を別個の現金支出として示す。

　これらの支出額を分析する時，将来キャッシュフローを創出すための資本的支出と税金支出および出資者に対する配当などの支出との関連性も重要である。例えば，配当が多額であるのに新規投資が少なければ，将来のキャッシュフローが減少する可能性がある。図表6-2では，機械設備支出は14百万円で，税金支出および配当支出はそれぞれ23百万円と20百万円である。税金および配当に対する支出は，営業活動による現金20百万円の2倍以上の43百万円である。税金および配当は将来の営業活動によるキャッシュを増加させる要因にならないから，この傾向が続けば，将来の営業活動によるキャッシュフローの増加を期待することはできない。その場合，会社は資本的支出を借入や増資で補わなければならない。図表6-5から，会社の流動性の重要な特徴を推測できる。このキャッシュフロー計算書の形式は，キャッシュフロー分析の基本的な資料を提供する。

　発生主義会計による場合は，事実は同一であっても，それに適用された会計手続の違いにより，利益に差異が生じることがある。例えば，図表6-1の損益計算書とキャッシュフロー計算書（1）の他に，①「その他の営業費」298百万円のうち90百万円を製品（または仕掛品）に配分したため，棚卸資産評価額が90百万円増加した，②売掛金の貸倒れ30百万円の見積りを行ったため，貸倒引当損の増加と売掛金の減少が生じたと仮定する。

　これにより，減価償却前利益89百万円は60百万円増加して149百万円になる。また，その期の運転資本は69百万円から60百万円増加して129百万円となる。しかし，営業活動によるキャッシュフローは，償却前利益149百万円から運転資本増加額129百万円を差し引き，20百万円で変わらない。すなわち，営業活動によるキャッシュは営業費を製品に含めるかどうかという経営者の判

断の影響を受けない。この例は，利益測定は経営者の判断により変動するが，キャッシュフローは経営者が変えることはできないことを端的に示している。

第3節　多期間的な流動性分析

キャッシュフロー会計は，営業，投資および財務の収支に基づいて流動性および支払能力を測定する。これに対して，発生主義会計は減価償却費のように生起した事象とそれらに対する経営者の判断に依存している。したがって，発生主義会計は経営者が利益の変動を少なくするため，利益を平準化できる余地を残している。他方，キャッシュフローは市場の状況による異常なキャッシュフローの変動が将来キャッシュフローの予測に歪みを与えることがある。これを回避するための便法として数期間を1期としてまとめる方法がある。これにより各年度の変動を中和化し変動の傾向を表面化する。(鎌田共訳 1989, pp.135-138)。

これを NK 社の営業活動によるキャッシュフローに適用して検証してみる。図表6-6は，6年間の各年度の営業活動によるキャッシュフローである。

図表6-6
NK 社　営業活動によるキャッシュフロー（1）
（単位：百万円）

科目＼年度	x1年	x2年	x3年	x4年	x5年	x6年
営業活動によるキャッシュフロー	20	4	−15	−106	−87	268

（筆者作成）

x2年からx6年まで各年度の営業活動によるキャッシュフローは，x6年を除きx1年を下回っていて，その変動幅は一様でない。そこで3年ごとにこの金額をまとめると，図表6-7のようになる。

112　第6章　実現キャッシュフローによる流動性分析

図表6-7

NK社　営業活動によるキャッシュフロー (2)

(単位：百万円)

科目＼期間	第1期 x1年 ～ x3年	第2期 x2年 ～ x4年	第3期 x3年 ～ x5年	第4期 x4年 ～ x6年
営業活動による キャッシュフロー	9	－ 117	－ 208	75

(筆者作成)

　図表6-7によれば営業活動による正味キャッシュフローが，第1期は9百万円，第2期は－117百万円，第3期にはさらに悪化して－208百万円になるが，第4期は急速に改善されて75百万円となっている。このモデルのように1年度の変動が大きい時，各年度の変動を年度ごとに解釈することは難しいが，3年を1期とすれば営業キャッシュが第2期以後改善する傾向にあることが明らかになる。1期間を何年とするかは，景気変動や企業の事業サイクルの長さに依存する。

　つぎに，多期間的キャッシュフローの変動を，収支の構成項目に注目して分析してみる。収支科目の多期間的な分析により，会社全体からみた流動性の変化が明らかになる。図表6-8「収支科目の構成比率の変動」は，3年ごとにまとめた6年間について，各期の収入合計および支出合計を100％として，各収入および支出の構成要素の割合を示したものである。

　図表6-8の収入の側で，「営業活動によるキャッシュフロー」および「借入金収入」の構成割合は大幅に変動している。「営業活動によるキャッシュフロー」は通常はプラスであり，第2期および第3期がマイナスを示しているのは極めて異常な状態である。これを補うために，借入収入は第2期および第3期において162％および208％に達している。支出の側では，機械設備支出は各期間とも利用可能現金の30％を超えている。これは将来キャッシュフローの増加に結びついている。また，配当支出は利用可能現金の30％（±3％）で

図表6−8

NK社　収支科目の構成比率の変動

科目＼期間	第1期 x1年〜x3年		第2期 x2年〜x4年		第3期 x3年〜x5年		第4期 x4年〜x6年	
	百万円	構成割合	百万円	構成割合	百万円	構成割合	百万円	構成割合
営業活動による キャッシュフロー	9	4%	− 117	− 62%	− 208	− 108%	75	31%
借入金収入	214	96	305	162	400	208	179	69
収入合計	223	100%	188	100%	192	100%	254	100%
機械設備支出	68	30%	84	※44%	100	52%	87	34%
税金支出	51	23	37	20	21	11	50	※19
配当支出	62	28	63	34	64	33	68	27
資本金の減少	18	8	8	4	− 4	− 2	− 16	− 6
現金の増加	24	11	− 4	− 2	11	6	65	26
収支合計	223	100%	188	100%	192	100%	254	100%

※四捨五入調整　　　　　　　　　　　　　　　　　　　　　　　（筆者作成）

安定している。税金支出は税引前利益の変動割合と比例的である。

第4節　収益性分析と流動性分析

　従来の流動性分析は，主として，流動比率，当座比率のように貸借対照表の2つの科目を比較したり，回転率のように貸借対照表科目と関連する損益計算書科目とを比較した比率を用いている。これらは時点的で短期的分析である。キャッシュフローによる流動性分析は，図表6−8「収支科目構成比率の変動」の収支項目の構成割合にみるように，ダイナミックで長期的分析を行う。この分析は，流動性の問題は長期的でしかも多面的に生じるという視点に立っている。実際，営業活動によるキャッシュフローは資本的支出を行うために十分であるか，あるいは配当が適正かなどの変動分析に役立つ。

　これをNK社について例証してみる。

114　第6章　実現キャッシュフローによる流動性分析

　NK 社の6年度の流動比率と当座比率は図表6−9のとおりである。

図表6−9

NK 社　流動性比率

(百分率)

比率 ＼ 年度	x1 年	x2 年	x3 年	x4 年	x5 年	x6 年
(1) 流動比率	1.7	1.6	2.0	1.6	1.6	1.8
(2) 当座比率	1.1	1.1	1.5	1.0	1.0	1.2

(1) 流動比率＝流動資産／流動負債　　　　　　　　　　　　　　　　　(筆者作成)
(2) 当座比率＝当座資産／流動負債

　流動比率および当座比率によると，NK 社の流動性は，x3 年を除き，ほとんど変動していない。しかし，x2 年度から x5 年度までの営業活動によるキャッシュフローは著しく減少していて，借入金収入の構成比率は急速に高まってきている。これは時点的な運転資本項目の比率分析の意義は限定的であることを示している。回転率も同様である。例えば，NK 社の回転率を計算すると図表6−10に示すとおりである。

図表6−10

NK 社　回転率

(百分率)

比率 ＼ 年度	x1 年	x2 年	x3 年	x4 年	x5 年	x6 年
(3) 売掛金回転率	3.6	3.2	3.1	3.2	3.3	5.1
(4) 買掛金回転率	8.6	9.3	21.8	31.1	18.4	25.5

(3) 売掛金回転率＝売上高／平均売掛金　　　　　　　　　　　　　　　(筆者作成)
(4) 買掛金回転率＝仕入高／平均買掛金

　売掛金回転率は，x6 年度の 5.1 を除き，3.6 から 3.3 へ長期化し，また，買掛金回転率が 8.6 から 25.5 へ短期化している。これは営業キャッシュフロー問題があることを示唆している。しかし，これらの回転率の変動が流動性にどの程度影響しているかを明らかにしない。これに対して，キャッシュフロー分析

は，利益，棚卸資産，売掛金および買掛金に関する財務管理の成果をまとめて，営業キャッシュフローの減少および営業キャッシュフローに対する運転資本科目の増減として示すことができる。

配当支払いについても同様のことがいえる。NK社の6年間の配当性向は図表6-11のとおりである

図表6-11

NK社　配当性向

(百分率)

比率　　　　　　　　年度	x1年	x2年	x3年	x4年	x5年	x6年
(5) 配当性向	2.25	2.05	1.81	1.86	0.55	3.36

(5) 配当性向＝（税引後利益／配当充当額）　　　　　　　　　　　　　　（筆者作成）

配当性向は，税引後利益を配当充当金で除して求める。しかし，配当の決定は配当可能利益だけでなく，営業キャッシュフローにも依存する。キャッシュフロー分析では，配当性向を配当支出に対する営業キャッシュフローの比率で示す。NK社では6年間において配当資源を確保しているが，x6年を除いて配当支出が営業キャッシュフローを超えている。また，配当支出は6年間合計130百万円で，営業キャッシュフローの合計84百万円をはるかに超えていて，営業キャッシュフローは配当支出の65%に満たない。これは3期ごとの分析でも，図表6-8に示すようにこの傾向は明らかである。

最後に，NK社の従来の収益性比率を求めると，売上総利益率，売上純利益率および平均自己資本利益率は図表6-12に示すとおりである。

116 第6章 実現キャッシュフローによる流動性分析

図表6-12

NK社 利益率の計算

(百分率)

比率＼年度	x1年	x2年	x3年	x4年	x5年	x6年
(6) 売上総利益率	32.9	33.4	32.7	32.0	31.4	26.7
(7) 売上純利益率	3.7	3.4	2.7	2.4	0.6	2.8
(8) 平均自己資本利益率	32.9	28.9	22.6	21.0	5.6	30.9

(6) 売上総利益率＝（売上総利益／売上高）× 100　　　　　　　　　（筆者作成）
(7) 売上純利益率＝（税引後利益／売上高）× 100
(8) 平均自己資本利益率＝（税引前利益／平均自己資本）× 100
　　自己資本＝資本金＋再評価積立金＋留保利益

　売上総利益率は x1 年から x5 年まで，x6 年を除いて，約32%（±1.5%）で殆ど変わらない。しかし，売上純利益率は x1 年の3.7%から次第に低下して，x5 年には1%を割り込んでいる。平均自己資本利益率も x1 年の32.9%から次第に低下して，x5 年には5.6%になった。しかし，これらの比率は収益性しか示していない。これらの利益率から，どれほど配当に充当できる正味キャッシュフローがあるかはわからない。実際には，図表6-4から明らかなように，6年間の減価償却前利益の474百万円のうち，84百万円が営業活動からのキャッシュフローであり，運転資本（棚卸資産＋売掛金－買掛金）が390百万円増加している。

　キャッシュフローに基づく分析は，第1に会社の流動性の変動，第2に会社の財務弾力性の状況を総合的に把握することを目的とする（鎌田共訳，1982, p. 29）。例えば，会社の償却前利益，運転資本の管理，営業財務の必要性，法人所得税の影響，配当政策などをひとつにまとめて経営業績を判断する。キャッシュフロー分析は，これらの要因が長期的かつ総合的にキャッシュフローに与える影響を検討する。

　本章で取り上げた NK 社の実現キャッシュフローによる流動性分析は，以上述べた視点からみて，つぎのように要約することができる。

　(1)　償却前利益は6年間で474百万円であるが，営業活動によるキャッ

シュフローは 84 百万円に過ぎない。390 百万円は運転資本へ投資された。

(2)　借入金は 6 年間で 393 百万円増加した。これと営業活動によるキャッシュフロー 84 百万円で調達した現金は合計 477 百万円である。この 477 百万円が資本的支出，税金と配当金の支払い，自己資本の調整および手元流動性に充てられた。

(3)　減価償却費は 6 年間で合計 58 百万円で，資本的支出は 155 百万円であるから，期首資産と比較すれば長期資産への投資は十分である。税金および配当充当額はそれぞれ 155 百万円と 130 百万円であり，これらの現金支出はそれぞれ 101 百万円と 130 百万円であった。営業活動によるキャッシュが 84 百万円であるのに配当支出が 130 百万円で，営業キャッシュフローによる配当性向は 1.5 に達している。

このように，キャッシュフロー分析は，利用者に発生主義会計の利益をキャッシュフローの点から解釈する手段を提供している。また，キャッシュフロー分析はキャッシュフローに基づいているから，経営者の主観的判断が介入する余地はほとんどない。そのため利用者はキャッシュフローを会社の流動性分析の信頼しうる資料として用いることができる。

要　　約

1.　利用者は特定時点の資産の流動性というより，長期的流動性の変化と流動性の変化に与えた要因に注目している。

2.　比較キャッシュフロー計算書は，会社の流動性を営業活動と財務活動に分けてキャッシュフロー全体のなかで測定し，流動性の変化の原因に関する情報を提供する。

3.　成長過程にある会社は，資本的支出が多額になり，営業活動によるキャッ

シュフローから資本的支出を差し引くと，その残高がマイナスになることがある。その時は，会社は資本的支出に対する資金を別個に調達しなければならない。

4. 成長している会社は商品を販売する前に仕入商品の代価を支払っていることがある。その結果，仕入先に対する支出と顧客から受取る収入との間にタイムラグが生じて，営業キャッシュフローが不足する。

5. 比較キャッシュフロー計算書は，資産の流動性と営業活動によるキャッシュおよびその成長性の要因に関する情報を提供する。また，営業資本の必要額の増加や現金回収額の遅延のような潜在的な流動性の問題を明示する。

6. 将来キャッシュフローの成長性は収益性とも関係があるから，収益性比率の将来の傾向も検討しなければならない。

参 考 文 献

鎌田信夫（2004）『キャッシュフロー会計の原理　新版』，税務経理協会。

Anton, Hector R., (1962) *Accounting for the Flow of Funds,* (Houghton Mifflin).
　　　森藤一男・鎌田信夫共訳（1964）『アントン資金計算の理論』，ダイヤモンド社。

Lee, T. A., (1984) *Cash Flow Accounting.* (Van Nostrand Reinhold). 鎌田信夫・
　　　武田安弘・大雄令純共訳（1989）『T. A リー 現金収支会計』，創成社。

第7章　財務諸表の連携
―IFRS X に関連して―

　IASB および FASB（両審議会）は，2004 年から共同プロジェクトとして「財務諸表の表示」を改善することを検討してきた。IASB はその成果を 2010 年 7 月に公開草案（ED）IFRS X「財務諸表の表示」として公表した（IASB 2010）。その中心的課題のひとつは，キャッシュフロー計算書を含めて財務諸表の連携性を明確にすることにある。そのために，財務諸表科目の細分化原則と連携性原則を定めた。また，財務諸表区分のためにセクションおよびカテゴリーを設けた。もうひとつは，内部資金の源泉である営業活動によるキャッシュフローの表示法を直接法に限定し，資金概念として「現金」（キャッシュ）を採択したことである。本章では，これらの点を中心に IFRS X を取りあげて検討し，キャッシュフロー会計の理論の精緻化を試みるものである。

第1節　主要財務諸表の表示目的と表示原則

　会社は経済的資源を選択して利用し，継続的にキャッシュフローを創出しようとする。会社は，初めに，経済的資源を入手するため，出資者に資金の提供を求める。会社の借入および株主持分はそのための資金の源泉である。

　会社の経済的資源（資産）は経営活動に利用されて形を変え，外部者に売却して再びキャッシュとして会社に還流する。企業のキャッシュフローのサイクルは，図表7-1「企業のキャッシュフロー」に示すとおりである。図表7-1

120 第7章 財務諸表の連携 ―IFRS X に関連して―

図表7-1
企業のキャッシュフロー

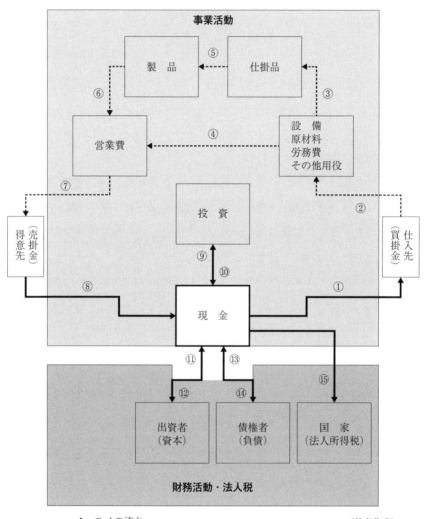

(筆者作成)

注：表中の番号は以下の取引または変動を示す。

① 仕入先等への支出
② 経済的資源の受入れ
③ 財貨・サービスの費消（工場）
④ 同上（本社）
⑤ 製品の完成
⑥ 製品の販売（営業費）
⑦ 製品の引渡し，売上債権の取得

⑧ 売上代金の収入（現金回収）
⑨ 投資支出
⑩ 投資支出の回収，投資収入（配当，利息）
⑪ 投資者からの現金の受入れ
⑫ 投資者への報酬の支払い，元本返済支出
⑬ 債権者からの現金の受入れ
⑭ 債権者への報酬の支払い，元本返済支出
⑮ 税金の支払い，還付，補助金の受入れ

は，企業の活動を事業活動と財務活動に大別し，各活動におけるキャッシュフロー状況を示している。会社は出資者や債権者から調達した現金（資金）を経済的資源に転換して，製品を製造し，製品を販売して現金を回収する。このような情報を要約して，財政状態表，包括利益計算書およびキャッシュフロー計算書を作成し利用者に開示する。

　IASB は，「企業は財務諸表において情報を（a）企業が行っている活動が明確である，（b）企業のキャッシュフローが明確である，（c）資産または負債とそれらの変動の影響との関係を忠実に表現するように，財政状態表，包括利益計算書およびキャッシュフロー計算書で報告しなければならない」(IFRS X, 46) と述べている。

　IAS 1「財務諸表の表示」(IASB 1997) および IAS 7「キャッシュフロー計算書」(IASB 1992) でも情報の報告方法について述べているが，その分析方法を明確に示してはいない。IFRS X は図表 7-2 に示すように，情報を伝達するための細分化原則と連携性原則の関係を明らかにしている。

図表7-2
細分化原則と連携性原則

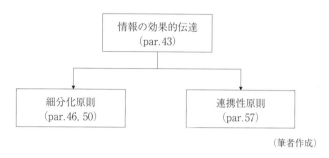

(筆者作成)

1. 細分化原則

財務諸表科目の細分化は①機能，②性質および③測定尺度の差異に基づいて行われる。

①機能	企業が行っている主たる活動 （例）商品の販売，サービスの提供，製造，広告，マーケティング，研究開発，管理など
②性質	類似の経済事象に同様に反応しない資産，負債，収益，費用およびキャッシュフローを差別する経済的性質または属性 （例）卸売売上高，小売売上高，材料費，労務費，輸送費光熱費，あるいは確定利付投資および株式投資
③測定尺度	経済的資源（資産）および請求権の測定尺度 （例）公正価値，取得原価など

細分化原則は，重要性の原則とともに，財務諸表科目を決定する基準を示している。重要性は科目の金額の大きさあるいは相対的重要性，またはその両者に基づいて決定される。重要でない科目は他の科目と合算できる。ただし，IFRS Xによれば，合算しようとする科目が，機能，性質あるいは測定基準からみて，合算後の科目が他の科目と同じレベルの同質性を保つことができなければ，それらの科目は合計すべきでない（pars.51, 52, 65）。

2. 連携性原則

企業は財務諸表の科目間の関係が明瞭になるように、財務諸表における情報を表示しなければならない（par.57）。これを連携性の原則という。連携性の原則は IFRS X が初めて提言した新しい原則で、連携性のある財務情報を伝達するために、主要な財務諸表に、セクション、カテゴリー、サブカテゴリーを設けて、科目を連携して表示する。

企業は、利用者が主要な財務諸表の科目の連携が識別できるように、科目の名称を揃える。ただし、連携は必ずしも科目レベルによる必要はなく、カテゴリーレベルで達成されればよい。例えば、未払金は、種々の費用から生じるから財政状態表と包括利益計算書は科目レベルで連携しなくても、カテゴリーレベルで連携すればよい（par.61）。

第2節　主要財務諸表の連携

連携性の原則は主要財務諸表間の区分の結びつきを明確にする。これを財務諸表構造の連携という。そのために、IFRS X は企業活動を事業活動と財務活動という2つのセクションに分類した。これはつぎの理由による。

1. 事業活動と財務活動は、異なる資金の調達源泉を示す。前者は内部的な資金の源泉を示し、後者は外部的な資金の源泉を示す。
2. 営業に関する意思決定と財務に関する意思決定は、異なる管理者によって行われている。また、財務的源泉はそれぞれ異なるリスクと特質を持っているから、これらを正しく認識しなければならない。

つぎに、各セクションとセクションに関連するカテゴリーの定義と、財務諸表の構造を検討してみる。

1. セクションおよびカテゴリーの定義

事業活動セクション：　事業活動セクションは，企業の資源を結合し価値を創出するセクションである。事業セクションは「営業カテゴリー」と「投資カテゴリー」に分類される。営業カテゴリーは，企業の資源を結合し利用することにより収益を生み出す変動を示す。これには現金，売掛金，製品販売から生じる収益，顧客から回収した現金などの変動が含まれる（pars.71, 73, 117）。

営業カテゴリーに営業財務（Operating Finance）「サブカテゴリー」を設ける（par.62, ）。「営業財務サブカテゴリー」には，以下に示す3つの要素を持つ負債が含まれる（par.75）。

(a)　用役，財貨または利用権を受取るため直接生じる。

(b)　支払期間は当初は長期である。

(c)　負債価額の増価が生じる。

これには，例えば，リース負債，退職後給付債務などの科目が含まれる。営業財務サブカテゴリー科目に直接関連する費用科目は，このカテゴリーに分類する。ただし，キャッシュフロー計算書には，営業財務サブカテゴリーを設けない。そのため，営業財務サブカテゴリーに直接関連するキャッシュフローは，営業カテゴリーで表示する（pars.78, 80）。

「投資カテゴリー」には，単独で利益を生み出す資産あるいは負債が含まれる。これらの資産および負債は，その他の資源に関係があるとしても，これらの科目からの明白なシナジー効果が生じない科目である。例えば，投資の購入および売却，受取配当あるいは受取利息である（pars.81, 82）。

財務活動セクション：　財務活動セクションは，資金の調達および返済に関係するすべての活動を示すセクションである。財務活動セクションは借入カテゴリーと資本カテゴリーに分類される（pars.83, 84）。借入カテゴリーには，資金の借入れまたは返済，またそれに相応する損益への影響を伴う借入契約を分類する（pars.86, 87）。例えば，社債の発行，借入れ，社債あるいはその他に係

る未払費用がある。また，企業自身の持分活動および利益に関連する事項から生じる資産および負債は，借入カテゴリーに分類する。例えば，未払配当がある。

　資本カテゴリーには，すべての資本科目を分類する。資本の変動は持分変動計算書で示し，持分取引に関連するキャッシュフローは，キャッシュフロー計算書の財務区分で総合する（par.95）。

図表 7 - 3
企業活動の分類—IFRS X と IAS 7 の比較

セクション等			IFRSX（2010）	IAS7（1992）
事業活動			営業活動と投資活動から構成される（par.71）	
	営業活動		企業の資源を結合して利用することにより，収益を生み出す活動（par.73）	企業の主たる収益稼得活動をいい，投資または財務活動以外のその他の活動（par.6）
		営業財務活動	財貨・用役の受取りに直接関連する活動で，同時に企業に長期の資金調達の源泉を提供する活動（par.74）	
	投資活動		(a) 企業に対してリターンを生み出し，(b) 重要なシナジーを生じさせない活動（par.81）	長期資産の取得・処分および現金同等物に含まれないその他の投資の取得・処分（par.6）
財務活動			企業が資本を獲得または返済するという活動（par.83）	企業の拠出持分および借入の規模と構成に変動をもたらす活動（par.6）
	借入活動		(a) 資本の獲得または返済を目的として締結された借入契約（86）(b) 負債を生じさせる企業自身の持分を含む取引に関連する活動（par.93）	
	資　　本		IFRSs が決定したすべての資本項目（par.95）	

注：網掛部分はセクションを示す。なお，空欄部分（／）は特別な記述がないこと（定義なし）を示す。
　　セクション内の区分はカテゴリーを示す。　　　　　　　　　　　　　　　　　　（筆者作成）

　図表 7 - 3「企業活動の分類—IFRS X と IAS 7 との比較」は，IFRS X の表

126 第7章 財務諸表の連携 ―IFRS X に関連して―

示区分の定義と IAS 7「キャッシュフロー計算書」の定義を比較して表示したものである。IAS 7 でも，営業，投資および財務という用語が用いられているが，IFRS X の定義は財務諸表の機能別細分化との連携を考慮しているから，IAS 7 の定義とは大幅に相違している。

2. 財務諸表の構造―IAS との比較
(1) 新しいセクションとカテゴリー

IFRSX は，細分化原則と連携性原則により，IAS 1 の財務諸表の構造を大幅に修正した。図表 7-4-1，2，3 は，IAS 1 と IFRS X の財務諸表の構造の相違を明らかにしたものである。

財政状態表

図表 7-4-1「財政状態表」は，IAS と IFRS X の財政状態表の区分を示したものである。IAS 1 は機能的には分類していない。これに対して，IFRS X は，事業，財務，法人所得税，非継続事業セクションおよび複数カテゴリー取引セクションという機能別に分類している。さらに，IFRS X は，事業活動セクションを営業と投資カテゴリーに分類し，営業カテゴリーに営業財務サブカテゴリーを設けている。また，財務活動セクションを借入と資本カテゴリーに分類している。

ここで IASB は，借入を「資金の獲得（または返済）を目的として締結された借入契約である負債」（par.80）と定義している。借入の定義は負債を分類できるほど明確でない。IFRS X は，負債を①借入カテゴリー，②営業財務サブカテゴリーおよび③営業カテゴリーに分類するが，「借入」に含まれる負債と他の負債とを識別する属性（基準）は明示されていない。資金調達（または返済）を目的とする借入契約である負債およびそれに関連する利息の影響は，借入カテゴリーに分類する。これに対し，製造過程で用いる特定の財貨または特定の用役の取得を目的とする借入は，それが当初に長期であれば営業財務サブ

カテゴリーに分類し，そうでなければ営業カテゴリーに分類する。したがって，上記の分類基準は長期資金の提供者が金融機関か営業取引の当事者かそれともそれ以外かという取引相手に基づく分類のように思われる。

図表 7 − 4 − 1
財政状態表（貸借対照表）

IAS 1	IFRS X
資産	事業セクション
負債および持分	営業カテゴリー
負債	営業財務・サブカテゴリー
持分	投資カテゴリー
	財務セクション
	借入カテゴリー
	持分カテゴリー
	法人所得税セクション
	複数カテゴリー取引セクション
	非継続事業セクション

（筆者作成）

包括利益計算書

　図表 7 − 4 − 2「包括利益計算書」は，IAS 1 と IFRS X の包括利益計算書の区分を比較して示したものである。IAS 1 は，はじめに企業利益を継続事業利益と非継続事業利益とに大別する。つぎに継続事業利益は営業利益と財務利益に区別している。これは IFRS X と形式上は変わらない。しかし，IFRS X は事業損益を営業損益と投資損益に分け，さらに営業損益に営業財務サブカテゴリーを設けて営業損益を 2 分している（pars.71 〜 74）。これは財政状態表との連携を明確にするためである。

128 第7章 財務諸表の連携 ―IFRS X に関連して―

図表7－4－2 包括利益計算書	
IAS 1	IFRS X
営業利益	事業セクション
財務利益	営業カテゴリー
法人税費用	営業ファイナンス・サブカテゴリー
継続事業利益	投資カテゴリー
非継続事業利益	財務セクション
当期純利益	債務カテゴリー
その他の包括利益	複数カテゴリー取引セクション
当期包括利益	法人所得税セクション
	非継続事業
	その他の包括利益
	当期包括利益

(筆者作成)

キャッシュフロー計算書

　図表7－4－3「キャッシュフロー計算書」において，IAS 7 は，営業，投資および財務という機能に分けている。この営業，投資および財務というカテゴリーの分類は IFRS X も同様である。外見上，主要財務諸表のなかで，最も分類の変更が少ない。しかしながら，両者のカテゴリーの意義は大幅に異なる。IAS 7 の営業収入および営業支出は，収益稼得活動に関連する収入および支出である。これに対して，IFRS X の営業キャッシュフローは，営業収益と営業費用に関する収支だけでなく，営業資産および営業負債に関係する収支も含まれる。また，IFRS X による投資キャッシュフローはシナジー効果のない投資収支およびそのリターンをいう。さらに，IFRS X と IAS 7 の財務活動も同じ内容を示すものではない。IFRS X では利息収入および配当収入は投資カテゴリー，支払利息は借入カテゴリー，配当支出は株主持分カテゴリーで表示し，IAS 7 のように選択の余地はない。

第2節　主要財務諸表の連携　*129*

図表7−4−3 キャッシュフロー計算書	
IAS 7	IFRS X
営業活動 投資活動 財務活動	事業セクション 　営業カテゴリー 　投資カテゴリー 財務セクション 複数カテゴリー取引セクション 法人所得税セクション 非継続事業セクション

(筆者作成)

　IFRS X のキャッシュフロー計算書には営業財務サブカテゴリーは設けない。したがって，IFRS X の主要財務諸表はカテゴリーレベルでは連携性があるが，サブカテゴリーレベルで連携性はない。キャッシュフロー計算書に営業財務サブカテゴリーを設けないのは，営業と財務の区別が明瞭でないからである。例えば，年金制度等の負債にかかるキャッシュフローは，営業要素と財務要素の両方を含んでいて明瞭に区別できない（par.BC107）。また，ファイナンス・リース支出は理論上元本と利息の部分に分けることはできるが，実務上，負債の元本返済（営業財務）であるか費用支出（営業費用）であるか明確でないことがある。

（2）現金資金概念の採択

　キャッシュフロー計算書で用いる資金概念として，IAS 7 は現金および現金同等物を採択した。ここで，現金とは手許現金と要求払預金であり，現金同等物とは「短期の流動性の高い投資のうち容易に一定の金額に換金可能で価値変動について僅少のリスクしか負わないもの」（par.7）である。これに対し IFRS X は資金概念として現金を用いている（par.118）。この資金概念の変更

130 第7章 財務諸表の連携 —IFRS X に関連して—

は，財政状態表およびキャッシュフロー計算書に重要な影響を与える。もし現金概念が採択されれば，財政状態表において現金は営業カテゴリーに，また現金同等物は投資カテゴリーに分類される（pars.117, 120）。

IAS 7によるキャッシュフロー計算書は，「現金および現金同等物」の変動を報告するが，IFRS X のキャッシュフロー計算書は現金の変動理由を報告するから，現金による現金同等物の取得，処分および払戻しなどはキャッシュフローとして報告する。また，現金収支なしに現金同等物を受取ったり引渡した取引は非現金取引である。

（3）1年基準の採択

IFRS X によれば，会社は資産および負債を1年基準を用いて短期および長期に分類し表示する（pars.115, 122）。流動・非流動基準から短期・長期基準への変更は，実現可能性，比較可能性，などの点から望ましい。また，性質別細分化の原則と一致する。

会社は，現在，営業サイクル基準あるいは1年基準で，流動資産（負債）および固定資産（負債）に分類している（IAS 1, 66, 69）。したがって，会社は営業サイクルを用いる場合，1営業サイクル内であれば財政状態日から起算して1年後に実現したり，あるいは決済される営業活動に関係する資産および負債を，流動資産および流動負債に含めることができる（IAS 1, 68, 70, 飯野, 1993 pp.3-11）。これに対して，IFRS X は1年基準に統一したから，1年以上の営業サイクルを持つ会社にとって，短期の資産・負債と長期の資産・負債との相対的な割合の変動をもたらす。例えば，営業サイクル基準では実現までに1年を超えても，1営業サイクル内に実現する商品は，流動資産として分類できるが，1年基準ではこの商品を短期資産と長期資産に分けて分類しなければならない。財務負債も同様である。また（a）最初の返済期限が12か月を超える（b）長期負債の借替契約が財務諸表日以後に行われる場合も短期に分類する。（par.124）。ただし，流動性（liquidity）に基づく表示のほうが適合する場合は，

第3節　資本と負債の分類　*131*

流動性の順に表示することができる。この場合，そのカテゴリーのすべての資産および負債を流動性に基づいて表示しなければならない（par.115）。

第3節　資本と負債の分類

IASB は IFRS X で「財務活動セクション」を設け，財務セクションを「資本」と「借入」に2分し，会社が調達した資金および返済した資金を表示することを提案した。しかし，「資本」は独自のセクションを持つべきであり，「借入」と並ぶ1つのカテゴリーとして示すべきでないという従来の見解を支持する人もいる。

1. 資 本 の 分 類

図表7-5-1は IFRS X の財務セクションの分類を示したものである。これに対して，①資本と借入はそれぞれ独自の特質を持っている，②資本は包括利益計算書との関係をより明確にする，③出資者の取引と出資者以外の人との取引は，明瞭に区別すべきであり，2つのセクションとすべきであるという主張がある。これに対して，IASB は資本という独自のカテゴリーを設けることによって達成されていると説明している。

図表7-5-1
財務セクションの分類

```
          ┌──────────┐
          │  財　務  │          セクション
          └────┬─────┘
        ┌───────┴───────┐
  ┌──────────┐    ┌──────────┐
  │  資　本  │    │  借　入  │    カテゴリー
  └──────────┘    └──────────┘
```

（筆者作成）

132　第7章　財務諸表の連携　―IFRS X に関連して―

　会社の資金調達は，資本市場において，「資本」と「借入」の間で決定されている。したがって，両者は財務活動の1部であり，借入と資本の同質性を示そうとする見解は，企業の資金調達の状況を忠実に表現している。ただし，資本と借入は異なる性質を持っているから，財政状態表と包括利益計算書は，「資本」カテゴリーと「借入」カテゴリーを設けて示している。

　しかし，このような分類がむずかしい科目もある。例えば，未払配当は資本の報酬で未払のものであるから，借入カテゴリーと資本カテゴリーに関連している。このため，IASBはキャッシュフロー計算書ではこれらの2つのカテゴリーを設けないで，未払配当を分類する問題を回避している。このような処理法の差異は，財務諸表に機能上，別個のウエイトを置いたことを示している。財務の2カテゴリー法によって資本と借入の同質性を強調したが，反面で，2カテゴリー法における「借入」とをもっと明瞭に定義する問題が生じてきた。

2. 負債の分類

　第2節で述べたように，IASBは負債を営業カテゴリー，営業ファイナンス・サブカテゴリー，および借入カテゴリーに分類している。買掛金は営業活動に関連して生じる。また，営業活動に関連していて同時に財務的要素を持つ長期の負債は，営業活動と財務活動の中間に営業財務というサブカテゴリーに分類する。これに対して，営業活動と直接的に関係しない一般的な資金を調達することを目的とする負債は借入カテゴリーに帰属する。これを図示すると図表7-5-2のようになる。

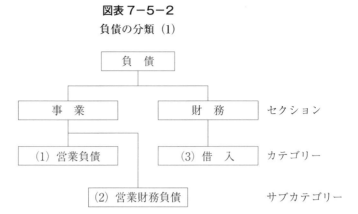

　上記の負債の分類法に対して，営業財務負債は財務セクションと共通の性質を持つから，財務セクションに分類するとも考えられる。これを図示すると図表7-5-3のようになる。

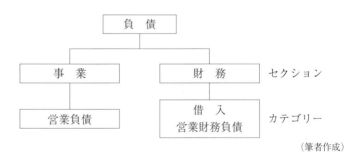

　営業財務サブカテゴリーは，「財貨・用役の受取りに直接関連する活動」で「企業に長期の資金調達の源泉を提供する活動」であり，この後半は「資金の

134 第7章 財務諸表の連携 —IFRS X に関連して—

獲得（または返済）を目的とする借入契約」という借入カテゴリーの定義と変わらない。そのような負債の1部を営業財務サブカテゴリーに含めれば，経営者の判断が介入するだけでなく，科目分類の首尾一貫性が失われる。例えば，ある資産を取得するためにリース負債を，他の資産を取得するために借入金を用いたとすれば，資金源泉のカテゴリーの相違が生じる。すなわち，ある資産の資金の源泉は事業セクション（例；ファイナンス・リース）に，また他の資産の源泉は財務セクション（例；借入金）に分類される。

　営業財務への分類は財務レバレッジの問題にも関連する。企業の財務レバレッジを適切に評価するためには，営業財務負債を財務セクションに移した方が理解しやすい。その意味で営業サブセクションを設けることは適切でない。そこで，IFRS X が例示している①従業員退職後給付債務，②ファイナンス・リース債務および③役員退職後給付債務の分類について検討してみる。

　①従業員退職後給付債務に関係する科目は，本質上，財務と営業要素に関係しているが，実務上，両者は分離できないし営業の部分が多いから，営業カテゴリーに含める。

　②ファイナンス・リース負債は，会社の全般的な財務活動に関係しているから，財務セクションに分類する。

　③役員退職後給付債務は，役員のサービスが営業に費消されたとすれば，営業カテゴリーに分類する。代替案を要約すると，営業財務負債の科目はつぎのように分類する。

1.　営業財務負債の1部は借入カテゴリーに分類する。それによってレバレッジ分析は改善される。借入カテゴリーの負債は営業活動への直接的関連性はないものとする。

2.　営業財務負債の一部の負債は，営業活動へ強いつながりを持つ負債であり営業カテゴリーに分類する。営業カテゴリーは内部資金調達に関するすべての負債を含んでいる。これにより事業活動を財務活動から分離すると

いう主たる思考は守られている。

代替案を採択すれば，連携性の原則は維持され連携性の適用範囲は拡大する。

第4節　営業活動によるキャッシュフローの表示

IAS 7 は営業活動によるキャッシュフローを，直接法あるいは間接法で表示することを認めた。会社はこのうちひとつを選択することができる。図表7－6－1 は直接法キャッシュフロー計算書（営業活動区分）で，図表7－6－2 は間接法キャッシュフロー計算書（営業活動区分）である。

これに対して IFRS X は財務諸表の連携性を重視して間接法を認めない。営業損益の営業キャッシュフローへの調整は，キャッシュフロー計算書に注記させることになった。

IASB は直接法を採択した理由をつぎのように述べている。

(a)　多くの財務諸表利用者にとって，直観的で理解可能である。

(b)　将来キャッシュフローの予測能力を改善する。

(c)　企業の現金循環期間ついての洞察および包括利益計算書に表示される収益および費用とキャッシュフローとの関係に対する理解を改善する。

(d)　営業キャッシュフローと営業利益の調整表が添付されれば，財政状態表とキャッシュフロー計算書は連携する。

(e)　正しい意思決定に導く情報を提供し，またすぐれた技術を持つアナリストが計算した結果より適切な情報を提供する。これは学術調査により明らかにされている。

(f)　今日ではできないトレンド分析および比較分析を行う情報を提供する（IFRS X BC 172）。

上述のように，直接法による収支科目は当期に実現した価額で測定されてい

136　第7章　財務諸表の連携　―IFRS X に関連して―

図表 7－6－1
IAS 7　キャッシュフロー計算書（直接法）20x2 年

営業活動によるキャッシュフロー	
得意先からの現金収入	30,150
仕入先および従業員に対する現金支出	(27,600)
営業活動による現金創出	2,550
利息支出	(270)
法人所得税支出	(900)
営業活動による正味キャッシュフロー	1,380

（IAS 7 Appendix A, 一部）

図表 7－6－2
IAS 7　キャッシュフロー計算書（間接法）20x2 年

営業活動によるキャッシュフロー	
税引前当期純利益	3,350
調整：	
減価償却費	450
為替差損	40
投資収益	(500)
支払利息	400
	3,740
売掛金および未収金の増加	(500)
棚卸資産の減少	1,050
買掛金の減少	(1,740)
営業活動による現金創出	2,550
利息支出	(270)
法人所得税支出	(900)
営業活動による正味キャッシュフロー	1,380

（IAS 7 Appendix A, 一部）

るから，比較可能であり，適時性がありまた理解しやすい。しかし，直接法の
キャッシュフロー計算書が提供する便益は作成コストを上回らないと主張し
て，直接法の開示に反対している作成者もいる。しかし，IASB は前述の直接
法の利点のほか，実態調査に参加した大多数のアナリストが，直接法キャッ
シュフロー計算書は，間接法キャッシュフロー計算書より，財務諸表利用者の
意思決定に有用であると考えている，という理由で直接法を支持した。

要　　約

1. IFRS X はキャッシュフロー計算書を，財政状態表および包括利益計算書
   とともに，主要な財務諸表として位置づけ，3 つの主要財務諸表の連携を強
   調している。また，資産評価に公正価値を取り入れている。これらの点は，
   Lee が説えるキャッシュフロー会計と同じ論拠に基づいている。
2. IFRS X は財務諸表科目の同質性をもたらすように，同一の機能，性質あ
   るいは測定基準に基づいて会計要素を分類する。また経営機能に基づいて財
   務諸表を事業と財務セクションに区分し，事業区分を営業カテゴリーと投資
   カテゴリーに，また財務セクションを借入カテゴリーと資本カテゴリーに区
   分する。これにより，財務諸表の連携性は明らかになる。財務セクションで
   「資本」と「借入」を 1 つのグループにまとめる。これは，企業の資金調達
   は，資本市場において「借入」と「資本」の間で決定されるという主張に基
   づいている。「資本」と「借入」を別個のカテゴリーに区分することによっ
   て両者の異なる特質は明らかにされる。
3. IFRS X は資金概念として現金概念を採択した。これは，現金同等物は容
   易に一定の金額に換金可能であるが，実現した資産ではないことを強調した
   ものである。
4. IFRS X は，資産または負債を「1 年または営業サイクル基準」に代えて，

138 第7章 財務諸表の連携 —IFRS X に関連して—

「1年基準」により分類する。1年基準は比較可能な流動性尺度を提供する。これは Lee の「実現可能性」基準のひとつの適用例である。

5. IFRS X は，営業資産合計から「短期営業負債」と「長期営業財務」を差し引いて「正味営業資産」として示している。しかし，「営業財務」は財務諸表の構造を複雑にするだけでなく，「財務」概念を曖昧にしている。「営業財務サブカテゴリー」がなくても，財務セクションで営業と財務にまたがる科目が明示されていれば正味営業資産を計算することはできる。また，営業区分に営業財務サブカテゴリーを設けることはレバレッジ比率の計算のためにも適当でない。したがって，営業財務カテゴリーを設けない方が理解しやすい。

参 考 文 献

IASB（2010）"Financial Statement Presentation." *Staff Draft of Exposure Draft IFRS X*.

IASB（1992）"Cash Flow Statements," *IAS 7（revised）*.

—— （1997）"Presentation of Financial Statements," *IAS No. 1*.

　　企業会計基準委員会監訳（2014），『2014 IFRS 国際財務報告基準　PART A・B』，中央経済社。

第8章　財務諸表の連携の検証
―IFRS X に関連して―

本章では，IFRS X の例示 10（IG 27 ～ 28）に基づいて，財政状態表，包括利益計算書およびキャッシュフロー計算書の連携を検証する。

仮設の X 社は，イギリスに本拠をおく電動工具およびその部品，家庭用具および住宅改装品を製造・販売しているグローバルな会社で，卸売および小売をしている単一セグメントの会社である。X 社は IFRS に基づいて財務諸表を作成していて，報告通貨として CU を用いている。X 社は以前から IFRS 9「金融商品」を採択していて，金融資産（持分証券）は公正価値で評価し，差額は損益として認識している。ただし，ここでは IFRS 9 の採択に伴い生じる開示は含まない。

図表 8-1, 8-2 および 8-3 は，IFRS X による期首および期末の財政状態表，包括利益計算書およびキャッシュフロー計算書である。ただし，各勘定科目の価額は，紙幅の都合上，1000 単位で原則として四捨五入してある。そのため生じる誤差は期末価額に一致するよう調整している。また，図表 8-4「区分および勘定科目の連携」は，X 社が財政状態表，包括利益計算書およびキャッシュフロー計算書で用いている科目をセクションおよびカテゴリー別に示したものである。なお，IG28 は期中の取引にはつぎの取引が含まれていることを，補足的に説明している。

1.　機械・設備売却益

2.　利息および配当から生じた投資利益

3.　関連会社利益のうち，X 社に帰属する利益

140 第8章 財務諸表の連携の検証 —IFRS X に関連して—

4. 他社への投資の公正価値評価

5. 有価証券売却益

6. 材料購入に関する先物契約

7. 棚卸資産評価損

8. 株式基準報酬負債の簿価の変動（ワラントにより決済）

9. 売掛金の売却

10. 建物再評価益

図表 8－1
財政状態表

12 月 31 日

事 業	20x1	20x0	財 務	20x1	20x0
営 業			借 入		
現 金	74	62	短期借入	(702)	(513)
売掛金	922	528	未払配当金	(20)	(20)
棚卸資産	679	767	短期債務合計	(722)	(533)
前払広告費・その他	87	78	長期債務合計	(2,050)	(2,050)
短期営業資産合計	1,762	1,435	借入合計	(2,772)	(2,583)
機械・設備	2,267	2,441	所有者持分		
建 物	577	623	株式資本	(1,427)	(1,343)
のれん	190	190	利益剰余金	(1,139)	(670)
長期営業資産合計	3,034	3,254	その他の包括利益	(124)	(117)
前受金	(182)	(425)	持分合計	(2,690)	(2,130)
買掛金	(613)	(505)	財務合計	(5,462)	(4,713)
未払賃金・給料・従業員給付,			法人所得税		
および株式基準報酬負債	(213)	(221)	未払法人所得税	(73)	(63)
短期営業負債合計	(1,008)	(1,151)	繰延税金資産	44	89
長期営業負債合計	(4)	(2)	正味法人所得税資産（負債）	(29)	26
営業財務前の正味営業資産	3,784	3,536	非継続事業		
営業財務			非継続事業資産	858	877
1 年以内返済予定のリー			非継続事業負債	(400)	(400)
ス債務およびリース負債			正味非継続事業資産	458	477
に関する未払利息	(50)	(50)			
短期営業財務負債合計	(50)	(50)			
年金負債	(293)	(529)	短期資産合計	4,193	3,596
1 年を超える返済予定の			長期資産合計	3,388	3,623
リース債務	(261)	(297)	四捨五入調整	(1)	
役員退職負債	(30)	(14)	資産合計	7,580	7,219
長期営業財務負債合計	(584)	(840)			
営業財務負債合計	(634)	(890)			
正味営業資産	3,150	2,646	短期負債	(2,253)	(2,197)
投 資			長期負債	(2,638)	(2,892)
短期投資	1,100	800	負債合計	(4,891)	(5,089)
金融資産（公正価値）	474	485			
短期投資資産合計	1,574	1,285	(IFRS X IG 28, p.22)		
関連会社投資	262	240	（　）はマイナスを示す。		
株式投資（公正価値）	47	39			
長期投資資産合計	309	279			
投資資産合計	1,883	1,564			
正味事業資産	5,032	4,210			

142　第8章　財務諸表の連携の検証　—IFRS X に関連して—

図表8-2
包括利益計算書　20x1

事　業				投　資			
営　業				受取配当・利息		63	
売上高		3,488		持分投資利益		24	
売上原価				株・投資・評価益		8	
材料費	(1,039)			金融資産評価益		45	
労務費	(405)			四捨五入調整	(1)	139	
退職後給付金	(44)			事業利益合計		1,031	
間接費—減価償却費	(219)			財　務			
運送費その他	(161)			債　務			
棚卸資産の変動	(60)			支払利息		(111)	
棚卸減耗損	(29)	(1,957)		税引前営業利益		920	
販売費				法人所得税			
広告費	(60)			法人所得税		(343)	
労務費	(57)			継続事業利益		577	
売掛金減損	(23)			非継続事業			
その他の販売費	(13)	(153)		非継続事業損失	(32)		
一般管理費				税控除益	11	(21)	
労務費	(322)			純利益		556	
退職後給付費	(43)			その他の包括利益			
減価償却費	(60)			損益として再分類されない項目			
株式基準報酬	(22)			建物再評価益		4	
その他の費用	(24)	(471)		損益として再分類される項目			
その他の営業費				先物契約利得		2	
機械・設備の売却益	23			外貨換算調整		(1)	
売掛金売却損	(5)			連結子会社換算調整		2	
四捨五入調整	1	19		四捨五入調整		(1)	6
営業費用前営業利益		926		包括利益合計		562	
財務費用							
利息費用—退職後報酬	(31)						
受取利息—年金資産	13						
支払利息—リース負債	(15)						
発生費用—役員退職	(1)	(34)					
営業利益合計		892					

(IFRS X IG 28, p.21, 28)
（　）はマイナスを示す。

図表 8−3
キャッシュフロー計算書 20x1

事　業

営　業

顧客からの現金収入	2,813
賃金支出	(810)
原材料支出	(936)
年金プランに対する拠出	(340)
その他の営業支出	(261)
リースに対する支出	(50)
資本的支出	(54)
有形固定資産の売却収入	38
売上債権の売却	8
営業活動による正味キャッシュフロー	408

投　資

短期投資の正味増減	(300)
関連会社投資	−
配当金収入および利息収入	63
有価証券の取得	−
有価証券の売却	56
投資活動による正味キャッシュフロー	(181)
事業活動による正味キャッシュフロー	227

財　務

配当支出	(86)
利息支出	(84)
自己株式の再発行収入	84
短期借入収入	162
長期借入収入	−
財務活動による正味キャッシュフロー	76
税引前継続事業による正味キャッシュフロー	303

法人所得税

法人税現金支出合計	(281)
非継続事業・外貨換算調整前収入	22

非継続事業

正味現金支出	(13)
外国為替の影響	3
現金の増減	12
期首現金	62
期末現金	74

（IFRS X IG 28 p.24）
（　）はマイナスを示す。

図表8-4
勘定科目の連携

セクション	カテゴリー		資産・負債	収益・費用	収入・支出
事業	営業		現金 売掛金 棚卸資産 前払費用 機械・設備 建物 のれん 買掛金・未払金 短期リース負債 株式基準報酬負債	売上高 売上原価 材料費 労務費 減価償却費 営業費 運賃その他の費用 退職後給付費 貸倒損失 株式基準報酬費	売掛金収入 買掛金支出 賃金・給料支出 年金支出 前払費用支出 固定資産収支 年金プラン拠出 リース債務支出 売掛金売却収入
		営業財務サブ	長期リース負債 役員退職後給付債務	退職後給付費	
	投資		短期投資 金融資産 関連会社投資 株式投資	受取利息 受取配当 金融資産評価益 株式投資評価益	利息・配当収入 短期投資正味収入 金融商品収支 金融資産売却収入 関連会社投資収支
財務	借入		短期借入金 長期借入金 未払配当 未払利息	支払利息	借入収入・支出 リース債務支出 利息支出 配当支出
	資本		株式資本 利益剰余金 その他の利益剰余金	配当充当金	株式発行収入

(筆者作成)

第1節 会計マトリックスの作成 **145**

第1節　会計マトリックスの作成

　IFRS X による連携性および細分化を明らかにするために，会計マトリックス（図表8-6-A, B）を作成する。

1. 会計マトリックスの構造

① 　会計マトリックスの上部は，各セクションおよびカテゴリーに分けて，資産，負債および持分の科目を示す。図表8-4「勘定科目の連携」は，それらの科目の一部を事業および株主財務セクション別に分類して例示したものである。会計マトリックスは，紙幅の都合上，2つに分割している。ひとつは図表8-6-A で資産の科目，もうひとつは図表8-6-B で負債および持分の科目を示している。

② 　図表8-6-A 資産は，左から営業資産，投資資産，法人所得税および非継続事業の順に並べてある。ただし，営業財務科目は図表8-6-B（負債および持分）で示し，借方および貸方の価額が均衡するようにした。

③ 　図表8-6-B（負債および持分）は，営業負債，営業財務負債，法人所得税，非継続事業，借入および株式資本（資本金），利益剰余金，その他の包括利益の順に配列している。

④ 　図表8-6-A 資産の「キャッシュフロー計算書科目」には，図表8-3「キャッシュフロー計算書」（直接法）の科目を営業活動，投資活動，財務活動，法人所得税などの順に配列している。

⑤ 　図表8-6-B（負債および持分）の利益剰余金欄には，注2「性質による収益および費用の再分類」（IG 28, p.21）を含めて収益および費用を示した。包括利益計算書の科目は営業活動，投資活動，財務活動，法人所

得税などの順に配列している。

これにより，キャッシュフロー科目と損益科目の細分化と連携性を明らかにすることができる。例えば，売上収入と売上収益，仕入（買掛金）支出と売上原価などの連携，また，賃金・給料の支出とそれに対する費用および販売費支出と販売関係費用との連携が明らかとなる。したがって，この会計マトリックスは，収支科目と損益科目の連携関係の適否を検討するための基礎資料を提供する。

2. 会計マトリックスの記入

会計マトリックスの「現金」および「利益剰余金」，「その他の包括利益」は，この期の取引および経済事象が収益と利益に与える影響を示している。したがって，これらの勘定の変動から他の勘定の変動を合理的に推定することができる。「その他の費用③」の「その他の費用8」は，つぎに示すように，期中の変動と期首残高が期末の残高が一致していない科目を一致させるための，調整科目として機能している。「その他の費用」の価額については，次節の2.包括利益計算書で説明する。

その他の費用③

現金	2	売掛金	4
未払費用等	5	棚卸資産	4
長期リース負債	1	関連会社投資	2
その他の費用	8	長期営業負債	2
		年金負債	1
		未払法人所得税	3
	16		16

第2節　主要財務諸表の作成　*147*

第2節　主要財務諸表の作成

1. 財政状態表

　図表8-6-1「財政状態表」は会計マトリックスの最終列の期末残高に基づ
いて，筆者が作成した。例示の財政状態表（図表8-1）との相違点は以下に示
すとおりである。

(1)　資産＝負債＋資本という伝統的な貸借対照等式基づいている。すなわ
　　ち，①資産は負債および持分と別個に区分する。②負債は持分と別個に

		図表8-5		
		財政状態表　20x1年12月31日		
資産		負債・持分		
事業		事業		
営業資産		営業負債		
短期営業資産	1,762	短期営業負債	1,008	
長期営業資産	3,034	長期営業負債	4	
投資資産		短期営業財務負債	343	
短期投資資産	1,574	長期営業財務負債	291	
長期投資資産	309			
繰延税金資産	44	未払法人所得税	73	
非継続事業	858	非継続事業負債	400	
		短期借入	722	
		借入および持分		
		長期借入	2,050	
		株主持分	2,690	
資産合計	7,581	負債・株主持分合計	7,581	

（筆者作成）

148　第 8 章　財務諸表の連携の検証　―IFRS X に関連して―

分類する。③資産は負債および持分の合計と均衡する。

(2)　資産および負債は各カテゴリー別に，また短期および長期に分類する。したがって，図表 8-1「財政状態表」の資産合計および負債合計は不要である。

(3)　資産は　①事業：営業資産（短期，長期），投資資産（短期，長期）②法人所得税，③非継続事業の順に配列してある。また，負債・株主持分は①事業：営業負債（短期，長期），営業財務負債（短期，長期），②法人所得税，③非継続事業，④財務（借入，株主持分）の順に配列している。

図表 8-5「財政状態表」はこれらを T 勘定で示したものである。

2.　包括利益計算書

会計マトリックス右側の「利益剰余金」欄と「その他の包括利益」欄の科目の金額から，包括利益計算書を作成する。なお，細分化および連携性のために，図表 8-2「包括利益計算書」（IG 28, p.21）に「注 2」（IG 28, p.28）の性質別細分類が加えてある。会計マトリックスでキャッシュフローおよび損益を把握するためには，それらの連携関係が明白になるようなキャッシュおよび損益の価額が示されていなければならない。しかし，例示にはそのための資料が十分でないため筆者の推定により，「その他の費用」を「その他の費用①，②，③」のように分解した。

(1)　「その他費用」①販売費 13 は金融資産 13 と連携する。

(2)　例示による「その他の費用」24 は「その他の費用」② 16 と「その他の費用」③ 8 に分解する。

(3)　「その他の費用」② 16 は現金の減少と連携する。

包括利益計算書は，はじめ発生主義会計に基づいて収益費用を認識・測定し，期末に資産・負債を公正価値で再測定して，発生主義により認識・測定した収益費用を公正価値で修正する方法で作成する。したがって，図表 5-9 実

現可能損益計算書（2）で示すように，実現可能性が高い資産および実現可能性が低い資産が，どれほど増加あるいは減少したかを示していない。IFRS X が例示した包括利益計算書と会計マトリックスの「利益剰余金」および「その他の包括利益」欄から作成した包括利益計算書は同じである。

3. キャッシュフロー計算書

図表8-6-A資産「会計マトリックス（IFRSX）」の左側のキャッシュフロー計算書欄から，キャッシュフロー計算書を作成する。図表8-3「キャッシュフロー計算書」と図表8-6-2「キャッシュフロー計算書」とでは細分化の点で異なる。すなわち「その他の営業支出261」を下記のように細分化している。例示では「その他の営業支出261」の内訳について全く説明していない。これを明示することによってキャッシュフロー計算書と財政状態表との連携を示すことができる。以下の分類はマトリックスに基づく筆者の推定によるものである。

運賃他支出	143
前払費用支出	87
機械設備支出	15
その他の費用支出	16
その他の営業支出	261

図表8-6-2「キャッシュフロー計算書」は営業財務サブカテゴリーを設けないから，他の財務諸表との形式上の連携性はない。配当収入と利息収入は投資カテゴリーに，また利息支出と配当支出は財務セクションに分類し，その他の代替的方法は認めない。

150 第 8 章 財務諸表の連携の検証 ─IFRS X に関連して─

図表 8-6-1
財政状態表

12 月 31 日

	20x1	20x0		20x1	20x0
事業			事業		
営業資産			営業負債		
短期：現金	74	62	短期：前受金	(182)	(425)
売掛金	922	528	買掛金	(613)	(505)
棚卸資産	679	767	未払賃金・給料他	(213)	(221)
前払費用	87	78	短期営業負債合計	(1,008)	(1,151)
短期営業資産合計	1,762	1,435	長期：長期営業負債	(4)	(2)
長期：機械・設備	2,267	2,441	営業財務		
建物	577	623	短期：短期リース負債	(50)	(50)
のれん	190	190	年金負債	(293)	(529)
長期営業資産合計	3,034	3,254	短期営業財務合計	(343)	(579)
営業資産合計	4,796	4,689	長期：長期リース負債	(261)	(297)
投資資産			役員退職負債	(30)	(14)
短期：短期投資	1,100	800	長期営業財務合計	(291)	(311)
金融資産	474	485	法人所得税		
短期投資資産合計	1,574	1,285	未払法人所得税	(73)	(63)
長期：関連会社投資	262	240	非継続事業		
株式投資	47	39	非継続事業負債	(400)	(400)
長期投資資産合計	309	279	財務		
投資資産合計	1,883	1,564	借入		
法人所得税			短期：短期債務	(702)	(513)
繰延税金資産	44	89	未払配当	(20)	(20)
非継続事業			短期借入合計	(722)	(533)
非継続業資産	858	877	長期：長期債務	(2,050)	(2,050)
資産合計	7,581	7,219	出資者持分		
			株式資本	(1,427)	(1,343)
			利益剰余金	(1,139)	(670)
			その他包括利益	(124)	(117)
			財務合計	(5,462)	(4,713)
			負債・資本合計	7,581	7,219

(筆者作成)

（　）はマイナスを示す。

第2節　主要財務諸表の作成　*151*

図表8−6−2

キャッシュフロー計算書　20x1

事　業

営　業

顧客からの現金収入	2,813
賃金に対する現金支出	(810)
原材料支出	(936)
年金プランに対する支出	(340)
運賃他支出	(143)
前払費用支出	(87)
機械・設備支出	(15)
その他費用支出	(16)
リースに対する現金支出	(50)
資本的支出	(54)
有形固定資産の売却収入	38
売上債権の売却	8
営業活動による正味キャッシュフロー	408

投　資

短期投資支出	(300)
配当・利息収入	63
金融資産売却収入	56
投資活動による正味キャッシュフロー	(181)
事業活動による正味キャッシュフロー	227

財　務

配当金支出	(86)
利息支出	(84)
短期借入収入	162
自己株式発行収入	84
財務活動による正味キャッシュフロー	76

法人所得税

法人所得税支出	(281)

非継続事業

非継続事業支出	(13)

為替換算調整	3
現金の増減	12
期首現金	62
期末現金	74

（筆者作成）
（　）はマイナスを示す。

図表 8-6-A　資産　　　　　　　　　　会計

財政状態表科目 / キャッシュフロー計算書科目	現金	売掛金	棚卸資産	前払費用	機械・設備	建物	のれん	短期投資	金融資産	関連会社投資	株式投資	繰延税金資産	非継続事業資産
	〔営業資産 短期〕				〔営業資産 長期〕			〔投資資産 短期〕	〔投資資産 長期〕			法人所得税	非継続事業
期首残高	62	528	767	78	2,441	623	190	800	485	240	39	89	877
		3,488											
			(243)										
売掛金収入	2,813	(2,813)											
					(219)								
				5									
運賃他支出	(143)			(18)									
			(60)										
				(29)									
買掛金支出	(936)												
					(60)								
賃金・給料支出	(810)												
			(23)										
										(13)			
年金支出	(340)												
					(10)	(50)							
前払費用支出	(87)			87									
機械・設備支出	(15)				15								
その他費用支出	(16)												
機・設却収入	38				(15)								
機・設備支出	(54)				54								
			(5)										
売掛金売却益	8	(8)											
リース債務支出	(50)												
										13			
換算差異	2	(4)	(4)								(2)		
短期投資支出	(300)							300					
関連会社投資										24			
											8		
配当・利息収入	63												
									45				
金融資産売却収入	56								(56)				
配当金支出	(86)												
利息支出	(84)												
短期借入収入	162												
自己株式発行収入	84												
法人税支出	(281)											(45)	
													(32)
非継続事業支出	(13)												13
					4								
			2										
為替換算調整	(1)												
			2										
四捨五入調整					1								
期末残高	74	922	679	87	2,267	577	190	1,100	474	262	47	44	858

マトリックス（IFRSX）　　　　　　　　　　　　図表8-6-B（負債・持分）

負債 は「事業活動（営業負債：短期〔前受金／買掛金／未払賃金給料／株式基準報酬〕・長期〔長期営業負債〕、営業財務：短期〔短期リース負債／年金負債〕・長期〔長期リース負債／役員退職負債〕）／法人所得税〔未払法人所得税〕／非継続事業〔非継続事業負債〕」、**持分** は「財務（借入：短期〔短期借入／未払配当金〕・長期〔長期借入〕）／株主持分〔株式資本／利益剰余金／その他包括利益〕」、右端は「財政状態表科目／包括利益計算書科目」。

前受金	買掛金	未払賃金給料	株式基準報酬	長期営業負債	短期リース負債	年金負債	長期リース負債	役員退職負債	未払法人所得税	非継続事業負債	短期借入	未払配当金	長期借入	株式資本	利益剰余金	その他包括利益	包括利益計算書科目
(425)	(505)	(221)	(2)		(50)	(529)	(297)	(14)	(63)	(400)	(513)	(20)	(2,050)	(1,343)	(670)	(117)	期首残高
															(3,488)		売上高
243																	（売上原価）
	(1039)														1,039		材料費
		(405)													405		労務費
						(44)									44		退職後給付費
															219		減価償却費
		(5)													161		運賃・その他の費用
															60		棚卸資産費用
															29		棚卸資産減耗
	936														60		広告費
		(57)													57		労務費
		810													23		貸倒損失
															13		その他の費用　①
		(322)													322		労務費
						(43)									43		退職後給付費
							340								60		減価償却費
														(22)	22		株式基準報酬費
															16		その他の費用　②
															(23)		機械設備売却益
															5		売掛金の減債
						50											
					(15)			(16)							31		利息退職後給付
															(13)		受取利息―年金
							(15)								15		支払利息―リース
							(1)	50							1		発生費用―役員退職
5			(2)		(1)	1				(3)					8		その他の費用　③
															(1)		四捨五入調整
															(24)		持分法投資利益
															(8)		株・投・評価益
															(63)		受取配当利息
															(45)		金融資産評価益
															86		支払配当金
													(27)		111		支払利息
											(162)						
														(84)			
									(343)						343		法人税充当額
									45								
									281								
															32		継続事業損失
									11						(11)		法人税減額
																(4)	建物再評価益
																(2)	先物契約利得
																1	関連会社外貨換算調整
																(2)	連結子会社外貨換算調整
							(1)								1		四捨五入調整
(182)	(613)	(213)	(4)		(50)	(293)	(261)	(30)	(73)	(400)	(702)	(20)	(2,050)	(1,427)	(1,139)	(124)	期末残高

（筆者作成）

154　第8章　財務諸表の連携の検証　―IFRS X に関連して―

要　　約

　本章では例示の X 社について，科目の細分化原則および連携性の原則の達
成度をマトリックスを用いて検証してみた。その重要な点は以下に示すとおり
である。

1.　IFRS X は直説法によるキャッシュフロー計算書を主要な財務諸表のひと
　　つとして提案した。図表8-6-A，B，会計マトリックスによれば，例えば，
　　売上高3,488 は，売掛金収入2,813 と一致しないが，この差異は財政状態表
　　をみれば連携性は明らかである。この点で直接法キャッシュフロー計算書は
　　重要な役割を果たしている。

2.　IFRS X は財務諸表科目の連携性を明らかにするために，主要財務諸表に
　　共通のセクション，カテゴリーを設けた。また投資は事業セクションに含
　　め，営業カテゴリーと投資カテゴリーを区別した。X 社の投資カテゴリーの
　　収益は，受取配当・利息63，持分法投資利益24，株式投資評価益8，およ
　　び金融資産評価益45 である。これはキャッシュフロー計算書の配当・利息
　　収入63 に連携している。他の3科目とは関係がないことを示している。ま
　　た，IAS 7「キャッシュフロー計算書」による配当，利息収入表示区分の代
　　替的方法は認められない。

3.　IFRS X は，借入と株主持分を財務セクションにまとめて，財務合計5,462
　　として示すことを提案している。これは IASB が持分中心的な考え方から離
　　脱し，「借入と持分を交換可能な資本の調達源泉である」という主張に同意
　　したことを示している。

4.　IFRS X は財政状態表を貸借均衡式で示していない。その主たる理由は
　　「営業財務」サブカテゴリーと思われる。会計マトリックスでは「営業財務」

を貸方側に移し替えている。図表8-1財政状態表の正味営業資産は営業財務前の営業資産3,784から営業財務634を差し引いて3,150である。図表8-6-1は正味営業資産3,150は示していないがこの価額が有用である時は，営業財務合計634を分離して示してあるから容易に計算できる。

5. 「営業財務」とは，営業活動に直接関係する財務的性格を持つ負債で，ここでは短期・長期リース負債，年金負債および役員退職負債合計634である。「営業財務」のように営業と財務にまたがるカテゴリーに科目を分類する時，科目の分類に経営者の主観的判断が介入することは避けがたい。また，年金債務（退職後給付債務）およびファイナンス・リースについては，支払額と利息と元本の部分の測定が困難なことがある。X社の営業財務前の正味営業資産3,784から営業財務634を差し引いた正味資産3,150は，必ずしも正味営業資産を適正に示さないで過少である可能性もある。

6. IFRS X は「営業財務」を短期および長期に分類して表示することを求めている。これは流動性，支払能力および財務弾力性の開示のため有用である。

7. 「その他の費用③」8は，与えられた資料では解明しきれない変動である。そのため損益計算書欄「その他の費用③」と関係する財政状態表科目を照合して，それらが均衡するように推定した。

8. 会計マトリックスは，その上下に期首および期末の財政状態表，右端に包括利益計算書および左端にキャッシュフロー計算書を示すから，主要な財務諸表の連携性と細分化を理解するための最も合理的な方法である。

参 考 文 献

IASB（2010）"Financial Statement Presentation." *Staff Draft of Exposure Draft IFRS X.*

索　引

欧　文

AAA ································· *2, 17, 22*
AICPA ······································ *1*
APB ······································ *69*
APBO 3 ···································· *47*
APBO 19 ··································· *48*
APBS 4 ·························· *3, 15, 64*
ARB 43 ···································· *51*
Beaver, W. ································ *52*
Belcaoui, A.R. ···························· *73*
Bradish, R.D. ···························· *48*
Chambers, R. ····················· *66, 89*
Edwards, E.O. and Bell, P.W. ······· *78*
FASB ································· *5, 10*
Heath, L. ································· *52*
Hendriksen, E.S. ················· *47, 71*
IAS 1 ···································· *121*
IAS 7 ················ *121, 125, 135, 154*
IASB ···································· *121*
IFRS ····································· *11*
IFRS 9 ··································· *139*
IFRS X ······························ *119, 139*
Kam, V. ······························· *10, 18*
King, A.M. ································ *28*
Lee, T.A. ······················· *48, 99, 137*
Most, K. ··································· *3*
Pacioli, Luca ······························ *5*
Seidman, J.S ····························· *48*

SFAC 1 ···························· *8, 13, 49*
SFAC 2 ······························· *27, 46*
SFAC 5 ································ *5, 71*
SFAC 6 ···································· *64*
SFAC 7 ···································· *73*
SFAS 157 ·································· *73*
Storey, R.K. ······························ *11*
Trueblood Committee ············· *18, 19*
Vatter, W. ································· *50*

あ　行

アカウンタント ····················· *2, 3, 52*
後入先出法 ································· *68*
アナリスト ································· *137*

飯野利夫 ························· *68, 70, 130*
意思決定 ································ *3, 12*
井尻雄士 ····································· *6*
委託・受託 ································· *12*
1 年基準 ················ *50, 51, 130, 138*
一般的適合性 ······························ *27*
一般に認められた会計原則 ········ *10, 64*
一般目的財務報告の目的 ·········· *12, 13*
入口価額 ························· *32, 67, 72*

売上総利益率 ····························· *116*
売掛金回転率 ······················ *103, 114*
運転資本 ····························· *51, 116*
運転資本の管理 ························· *116*

営業活動 ……………… *47, 57, 101*
営業活動によるキャッシュフロー … *48,*
　55, 85, 86, 89, 95, 114, 135
営業カテゴリー ……………… *124, 126*
営業財務 ……………………………… *124*
営業財務サブカテゴリー …… *129, 138,*
　149
営業財務負債 ……………………… *145*
営業資産 ……………………………… *53*
営業循環期間基準 ………………… *51*
営業負債 …………………………… *145*
営業利益 ……………………… *67, 78*
演繹システム ……………………… *22*

オペレーティング・リース ………… *19*

か 行

買掛金回転率 …………………… *114*
会計基準 ……………………………… *63*
会計基準設定機関 ………………… *25*
会計原則審議会 ………………… *3, 10*
会計情報 …………………… *19, 27*
会計の機能 …………………………… *2*
会計の公準 ………………………… *22*
会計の定義 …………………………… *1*
会計マトリックス1（歴史的原価）… *29*
会計マトリックス2（取替原価）…… *32*
会計マトリックス3（売却価額）…… *32,*
　34
会計用語委員会 …………………… *1*
会計要素 …………………………… *137*

概念フレームワーク ………… *11, 20, 22*
外部源泉 …………………………… *86*
外部者 ……………………………… *50*
外部利用者 ………………………… *22*
価額の加法性 ……………………… *31*
価格の特性 ………………………… *57*
カスタマーリレーション …………… *28*
カテゴリー ………………………… *123*
稼得利益 ……………………… *29, 49*
株式発行に与える要因 …………… *55*
株主 ………………………………… *16*
貨幣価値変動会計 ………………… *30*
貨幣購買力 ………………………… *31*
貨幣性資産 …………………… *67, 70*
借入カテゴリー ……………… *132, 134*
間接法 ……………………………… *135*
関連会社 …………………………… *57*

期間的対応 …………………………… *9*
期間費用 …………………………… *10*
期間利益 ……………… *28, 36, 42, 100*
企業会計基準第10号 ……………… *63*
企業会計の一般理論 ……………… *22*
企業価値 …………………………… *15*
企業形態の変更 …………………… *40*
期首資本維持 ……………………… *80*
基準設定機関 ……………………… *11*
基礎概念 …………………………… *22*
基礎的会計理論 …………………… *2*
キャッシュ創出能力 …………… *15, 20*
キャッシュフロー会計 ……… *36, 83, 99,*

111

キャッシュフロー計算書 … *48, 85, 128, 129, 149*

キャッシュフロー情報 ………… *48, 49*

強制清算 ………………… *50, 57, 73*

均衡説 ………………………… *5, 7*

繰延資産 ………………………… *65, 68*

繰延費用 ………………………… *65*

経営活動 ………………………… *49*

経営業績 ………………… *37, 116*

経営事象 ………………………… *28*

経営者の主観的判断 ……………… *100*

経営成績 ………………………… *48*

経済事象 ………………………… *2, 3*

経済的意思決定 ………………… *3, 22*

経済的解釈 ……………………… *79*

経済的解釈論 …………………… *68*

経済的資源 ………… *1, 21, 42, 65, 119*

経済的資源法 …………………… *66*

経済的事実 ……………………… *42*

経済的便益 ………………… *64, 65*

継続事業利益 …………………… *127*

減価償却 ………………………… *28*

原価の費消 ……………………… *9*

原価配分 ………………… *29, 68*

現金近似性 ……………………… *46*

現金請求権 ……………………… *69*

現金同等物 ………………… *129, 137*

現在価値（現価）………… *13, 73*

現在価値会計 …………………… *31*

検証可能性 ………………… *20, 27*

減損費 …………………………… *34*

交換価額 ………………… *66, 72, 77*

工事進行基準 …………………… *68*

公正価値 ………………… *71, 137*

公正価値会計 …………………… *25*

公正価値で再測定 ……………… *148*

構造論 …………………………… *67*

行動論 ………………… *67, 69*

国際会計基準審議会 …………… *11*

国際財務報告基準 ……………… *11*

個別的対応 ……………………… *9*

さ 行

債権者 ………………… *17, 20, 72*

財政状態 ………………… *21, 37, 71*

財政状態表 ……………………… *76*

財政状態変動表 ………………… *48, 90*

再測定 …………………………… *68*

細分化 …………………………… *146*

細分化原則 ………… *122, 126, 154*

財務アナリスト ………………… *17*

財務会計システム ………… *25, 26, 42*

財務活動 ………… *59, 121, 123, 128*

財務活動明細表 ………………… *59*

財務管理 ………………………… *86*

財務業績 ………… *14, 15, 21, 28*

財務構造 ………………………… *3*

財務諸表構造の連携 ……… *89, 97, 123*

財務諸表の構造 ……………………… 126
財務諸表の連携 ……………… 123, 137
財務諸表の連携性 …………………… 135
財務セクション ……………… 126, 137
財務弾力性 …… 42, 53, 54, 58, 59, 90,
155
債務超過 ……………………………… 46
財務的失敗 …………………………… 52
債務返済能力 ………………………… 90
財務報告書 …………………………… 19
財務報告目的の階層 ……………… 13, 14
財務レバレッジ ……………………… 134
先入先出法 …………………………… 46
サブカテゴリー ……………………… 124
産出価額 …………………………… 69, 72
残高式計算書 ………………………… 106

仕入先 ………………………………… 41
事業活動 …………………………… 121, 123
事業活動セクション ………… 124, 126
資金計算書 ………………………… 51, 71
資金調達 ……………………………… 132
資金フロー分析 ……………………… 48
資産 …………………………………… 9, 42
資産・負債法 ………………………… 95
資産の定義 …………………………… 63
資産評価 ……………………………… 67
市場価値 ……………………………… 66
市場価額 ……………………………… 63
実現可能額 …………………………… 75
実現可能性 …………… 58, 83, 84, 99

実現可能性の高い資産 ……… 75, 76, 84
実現可能性の低い資産 ……… 76, ,84 149
実現可能損益計算書 ………………… 87
実現可能損益計算書 (1) …………… 94
実現可能損益計算書 (2) ……… 95, 101
実現した資産 ………………………… 84
実現不能な資産 …………………… 76, 84
質的特性 ……………………………… 20
シナジー効果 ……………… 124, 128
支払能力 ……… 45, 46, 51, 111, 155
支払能力の評価 ……………………… 46
資本 ………………………… 131, 132, 137
資本維持 ……………………… 35, 78, 89
資本維持積立金 ……………………… 89
資本カテゴリー ……………… 124, 125
資本構造 ……………………………… 58
資本市場 …………………… 132, 137
資本主義的システム ………………… 28
資本的支出 …………………… 87, 117
社会会計 ……………………………… 17
収益・費用アプローチ ……………… 65
収益の測定額 ………………………… 8
収益力重視の傾向 …………………… 47
自由裁量支出 ………………………… 58
重要性の原則 ………………………… 122
主観的測定値 ………………………… 66
主観的判断 ………………… 28, 29, 42
主観的利益 …………………………… 73
受託責任 ……………………… 13, 70
受託責任会計 ………………………… 13
出資者 ………………………………… 45

使用価値 …………………… 66	知識のない利用者 ……………… 19
償却資産 …………………… 77	忠実な表現 ……………… 20, 27, 42
消費者物価指数 …………… 31	中立性 …………………………… 27
情報の階層 ………………… 4	長期計画 ………………………… 53
正味売却価額 ……………… 63	調和化 …………………………… 11
将来キャッシュフロー … 20, 41, 46, 49,	直接法 ………………………… 135
71, 135	直接法キャッシュフロー ………… 154
信用状態 ………………… 16, 50	直接法キャッシュフロー計算書 … 135

ステークホルダー ……………… 78	低価基準 ………………………… 50
	適時性 ………………… 20, 23, 27, 137
清算価額 ………………… 72, 75	出口価額 ………………… 32, 72
セクション ………………… 123	
潜在的キャッシュフロー ………… 87	当期産出価額 …………………… 75
	当座比率 ……………… 113, 114
増価評価 …………………… 69	投資活動明細表 ……………… 60
増価法 ……………………… 69	投資カテゴリー ………………… 124
測定基準 …………………… 99	投資者 ………………… 1, 16, 70
染谷恭次郎 ………………… 51	投資者の意思決定 ……………… 13
損益活動 …………………… 98	投入価値 ………………………… 69
損益取引 …………………… 29	投入市場 ………………………… 72
	投入価額 ………………………… 72
た 行	取替原価 ………………………… 78
	取替原価情報 …………………… 38
対応計算 …………………… 67	トレンド分析 ……………… 86, 135
貸借対照表指向の評価法 …………… 32	
貸借対照表等式 ……………… 147	**な 行**
退職後給付債務 ……………… 124, 155	
多期間的トレンド ……………… 90	内部源泉 ………………………… 86
短期営業負債 ………………… 138	内部資金調達 …………………… 134
短期債権者 …………………… 50	内部利益率 ……………… 73, 74

162 索　　引

年金債務 ……………………… *155*
年金制度 ……………………… *129*

は 行

売却価額 ……………… *32, 83, 84*
売却価格情報 ………………… *39*
売却可能額 …………………… *75*
売却可能性 ……………… *56, 67*
売却可能有価証券 …………… *63*
売却市場 ……………… *75, 83, 84*
配当 …………………………… *35*
配当可能利益 ………………… *115*
配当支出 ……… *85, 87, 101, 115, 149*
配当収入 ……………………… *149*
配当性向 ……………………… *115*
売買目的有価証券 …………… *63*
発生主義会計 …………… *8, 28, 42*
販売基準 ……………………… *8*

比較可能性 …………… *20, 23, 130*
比較キャッシュフロー計算書 …… *118*
比較損益計算書 ……………… *103*
比較貸借対照表 ……………… *103*
比較分析 ……………………… *135*
非貨幣性資産 ………… *51, 67, 68, 70*
非継続事業利益 ……………… *127*
費用の認識と測定 …………… *9*
費用配分 ……………………… *28*
費用配分会計 ………………… *100*

ファイナンス・リース …… *19, 79, 129,*

134, 155
不確実性 ……………………… *54*
負債の測定 …………………… *85*
負債の分類 …………………… *132*
物的資本維持 ………………… *39*
ブランド ……………………… *28*
プロダクト・コスト ………… *9*
分離可能性 ……………… *56, 67*

平均貨幣購買力 ……………… *31*
平均自己資本利益率 ………… *116*
ヘッジング …………………… *27*

包括利益計算書 ………… *127, 131, 137*
法的財産 ……………………… *66*
保有利益 ………………… *32, 78*

ま 行

前払費用 ……………………… *51*

未実現キャッシュフロー ……… *87, 88*
未実現の現金収支 …………… *96*
未償却原価 …………………… *77*
未払配当 ………………… *125, 132*

目的適合性 …………………… *20*
持分的特徴 …………………… *6*
持分変動計算書 ……………… *125*
持分法 ………………………… *79*

や 行

役員退職後給付債務 ····················· *134*

有価証券報告書 ··························· *17*
誘導法 ································· *70*

予測手段 ······························· *71*
予測情報 ······························· *41*

ら 行

リース資産 ······························ *65*
リースバック ···························· *56*
リース負債 ····························· *124*
利益尺度 ······························· *67*
利益創出能力 ···························· *21*
理解可能 ······························ *135*
理解可能性 ···················· *20, 27, 42*
リスク ······························ *46, 66*
利息支出 ······························ *149*
利息収入 ······························ *149*
流動・非流動分類 ················· *51, 52*
流動性 ····· *40, 42, 46, 50, 88, 111, 114,*
    116, 130, 155
流動性分析 ············ *103, 113, 116, 117*
流動比率 ·············· *50, 103, 113, 114*
利用者 ································· *15*
利用者としての社会 ···················· *17*
利用者の情報要求 ······················ *36*

歴史的原価 ············ *13, 35, 42, 63, 77*

歴史的原価会計 ····················· *31, 35*
歴史的原価情報 ························· *37*
レバレッジ比率 ························ *138*
連携性 ······························ *96, 146*
連携性原則 ····· *121, 123, 126, 135, 154*

わ 行

割引将来収入 ··························· *73*
割引率 ································· *73*

著 者 略 歴

鎌 田 信 夫（かまた のぶお）

昭和 7 年（1932 年）11 月神奈川県生まれ
昭和 32 年（1957 年）早稲田大学第一商学部卒業
昭和 37 年（1962 年）早稲田大学大学院商学研究科商学専攻博士課
　　　　　　　　　　程単位取得満期退学
昭和 37 年（1962 年）南山大学経済学部助手，経営学部助教授，教
　　　　　　　　　　授経て平成 8 年退職。その後中部大学経営情
　　　　　　　　　　報学部教授となり，平成 17 年退職。
博士（商学）（早稲田大学）
名誉教授（南山大学）（中部大学）

訳著書

『資本予算の決定方法』共訳，H・ビアマン，S・シュミット著，
　　　　　　　　　　　　ダイアモンド社，昭和 37 年。
『資金計算の理論』共訳，H・R・アントン著，ダイアモンド社，
　　　　　　　　　　昭和 39 年。
『営業予算』共訳，W・J・バッター著，同文館，昭和 48 年。
『ヒース財務報告と支払能力の評価』共訳，L・C・ヒース著，
　　　　　　　　　　　　　　　　　　　　国元書房，昭和 57 年。
『現金収支会計』共訳，T・A・リー著，創成社，平成元年。
『資金会計の理論と制度の研究』白桃書房，平成 7 年。
『現金収支情報の開示制度』編著，税務経理協会，平成 9 年。
『キャッシュフロー会計の原理』税務経理協会，平成 13 年

キャッシュフロー会計の軌跡

2017 年 11 月 10 日　初版第 1 刷発行

著　者　ⓒ　鎌　田　信　夫

発行者　　　菅　田　直　文

発行所　有限会社　森山書店　東京都千代田区神田錦町
　　　　　　　　　　　　　　1-10 林ビル（〒101-0054）
　　　TEL 03-3293-7061　FAX 03-3293-7063　振替口座 00180-9-32919

落丁・乱丁本はお取りかえ致します　　　印刷・三美印刷／製本・積信堂
　　　本書の内容の一部あるいは全部を無断で複写複製する
　　　ことは，著作権および出版社の権利の侵害となります
　　　ので，その場合は予め小社あて許諾を求めてください。

ISBN 978-4-8394-2169-4